有料更有趣的朝代史

4 皇朝末路

莫忆城　编著

浙江工商大學出版社
ZHEJIANG GONGSHANG UNIVERSITY PRESS
·杭州·

图书在版编目（CIP）数据

清史 / 莫忆城编著 . —杭州：浙江工商大学出版社，2022.9（2024.1 重印）
（有料更有趣的朝代史 / 胡岳雷主编）
ISBN 978-7-5178-4833-2

Ⅰ．①清… Ⅱ．①莫… Ⅲ．①中国历史—清代—通俗读物 Ⅳ．① K249.09

中国版本图书馆 CIP 数据核字（2022）第 021190 号

清　史
QING SHI

莫忆城　编著

责任编辑	张晶晶
责任校对	韩新严
封面设计	吕丽梅
责任印制	包建辉
出版发行	浙江工商大学出版社
	（杭州市教工路 198 号　邮政编码 310012）
	（E-mail: zjgsupress@163.com）
	（网址：http://www.zjgsupress.com）
	电话：0571-88904980，88831806（传真）
排　　版	北京东方视点数据技术有限公司
印　　刷	唐山富达印务有限公司
开　　本	787mm×1092mm　1/32
印　　张	28
字　　数	620 千
版 印 次	2022 年 9 月第 1 版　2024 年 1 月第 2 次印刷
书　　号	ISBN 978-7-5178-4833-2
定　　价	198.00 元（全四册）

版权所有　侵权必究
如发现印装质量问题，影响阅读，请和营销与发行中心联系
联系电话　0571-88904970

目　录

第一章　不败而败，不胜而胜
　　爱怎么样就怎么样吧 _ 003
　　姜还是老的辣 _ 010
　　三朝赤诚心 _ 015
　　福建水师的噩梦 _ 021

第二章　海疆上的悲鸣
　　失落的亚洲第一 _ 031
　　打仗放一边，祝寿最要紧 _ 037
　　每日只吃一餐的政治秀 _ 043
　　未烧城门，先灭池鱼 _ 048
　　真正是心口不一 _ 053
　　"以夷制夷"的计划落空 _ 057
　　这一天终于来了 _ 062
　　奕䜣也不能将"杯子修补完整" _ 066
　　且战且求和 _ 069
　　马关改变了中国 _ 076

重建北洋水师 _ 081

第三章 戊戌变法，近代化政治改革的尝试

秀才们要造反啦 _ 087

且由他们闹去 _ 091

光绪帝的努力 _ 095

空欢喜一场 _ 099

第四章 大清帝国最后的岁月

扶清灭洋，来自民间的反抗 _ 107

借力打力 _ 110

大事不妙，赶快求和 _ 114

一盘散沙，义和团神话的破灭 _ 118

八国联军夺北京 _ 122

逃时落魄，回时铺张 _ 126

第五章 在晚清当官不容易

理学救国的实践者 _ 133

中兴名臣没落收尾 _ 138

考试不行，打仗很行 _ 143

对也不对，不对也对 _ 148

宦海沉浮的状元帝师 _ 153

搞搞洋务，打打仗 _ 158

帝国最后的守望者 _ 164

第六章 封建挽歌，新世界崛起

袁大头火了 _ 171

换汤不换药地玩新政 _ 176

文界也不让人省心 _ 181

光绪的死亡之谜 _ 186

慈禧之死 _ 190

一语成谶,大势已去 _ 194

大清掘墓人 _ 198

抛夫弃子闹革命 _ 203

君主立宪梦被搅了 _ 208

惨淡谢幕 _ 214

第一章
不败而败，不胜而胜

近代中国战乱纷起，却不曾有一场像中法战争这般让人哭笑不得。敌人强霸，国人抵御，老将冯子材更是为清政府送来捷报喜讯，怎奈垂暮清朝依然腐朽不堪，胜了还要给敌人赔礼道歉，做尽补偿。

爱怎么样就怎么样吧

19世纪80年代,世界资本主义市场出现了一个显著的变化,即垄断资本主义取代了原本的自由资本主义。于是,在全世界范围内,一场争夺商品市场和原料产地、瓜分势力范围的生死角逐迅速展开。

越南处于亚洲的东南面,是东亚的重要门户,法国作为老牌资本主义帝国,对越南觊觎日久。法国认为,只要占领了印度,并以之为基地,便可以长驱直入,进入中国南部地区,随着局势的发展,一场侵略和反侵略的战争一触即发。

俗话说,唇亡齿寒、户破堂危,大清政府意识到,一旦越南失守,则中国南部定然门户大开,本来就混乱不堪的国内局势就会变得更加难以收拾。早在乾隆五十二年(1787年),法国传教士百多禄就上书法王路易十六,建议法国出兵,占领越南,继而开辟一条进入中国南部的商道。然而,路易十六还没有具体实行其计划,便在风云变幻的法国大革命中走上了断头台。

路易十六虽然死去,但是法国侵略中国之心却未曾动摇,它妄图通过侵略手段，建立一个囊括中国云南、广西、四川和整个印度支那地区在内的"伟大的法兰西东方帝国"。于是，在第二次鸦片战争之后，法国加紧了侵略步伐，和西班牙联手入侵越南。

同治元年（1862年），法国强迫越南签订了第一次割地赔款的《西贡条约》。5年之后，越南南部尽归法国之手，同时，法军还控制了湄公河三角洲。同治十二年（1867年），欲壑难填的法国又向北入侵，企图控制整个越南。当法国西贡总督杜白蕾派遣统兵官安邺进占河内之时，越南阮氏王朝向早已经岌岌可危的清政府求援。当时，在中越边境保胜一带，还活跃着太平天国广西农民军残部，其首领为刘永福，越南遂请求黑旗军协同抗法，刘永福闻讯，率手下将士迅速赶来，并在同治十二年（1773年）十二月于河内城郊大败法国，击毙法国侵略军首领安邺，法军被迫退回越南南部。

黑旗军并没有乘胜追击，越南也难以抗衡强大的法国军队，1774年3月，越南和法国在西贡签订了《越法和平同盟条约》，也就是通常所说的第二次《西贡条约》。在历史上，清政府对越南几乎处于宗主国的地位，此时依然对越南具有重大的影响力。在协约签订后，法国迫不及待地照会清政府，要求清政府承认法国在越南取得的一切权益，撤销清政府在越南的影响。当时，清政府的洋务运动初见成效，太平天国等农民运动也止戈息武，为了维护国家主权，清政府最终宣布不承认这个条约，越南政府中的有识之士，也开始组建军队，反对法国的殖民政策。于是，法国加紧侵略步伐，越南政府只能继续向清政府求援。

清政府的回复是，命令滇桂两省当局督饬边外防军扼要进扎，同时，"衅端不可自我而开"。不久，刘永福的黑旗军再一次取得了大胜，法国侵略军首领李维业及副司令卢眉等被击杀。退回河内的法军，利用李维业之死大造舆论，最终迫使越南签订《顺化条约》，成为越南的"保护者"，为入侵大清帝国奠定了基础。

为了消除大清这个唯一的占据越南的障碍，法国遂断绝了和清政府的一切关系，迫使黑旗军等抗法军队撤退，同时加紧军事威胁，力图通过外交策略，达到其既定目标。鉴于越南的重要地位和中越两国的特殊关系，以左宗棠、张之洞、曾纪泽等为首的主战派开始力促清政府以战争方式对抗法国的侵略。

然而，北洋巨枭李鸿章的干涉让清政府举棋不定：既想要援助越南，又不敢擅自开战，甚至还寄希望能够有第三个国家站出来调停。法国则趁机加紧部署，向越南发动了全面攻击。

法国军队的第一个侵略目标，是由黑旗军防守的越南山西，在这一地区，除了刘永福所部之外，还有7个桂军和滇军的正规营。光绪九年（1883年）十二月，法军向清方军队悍然发动了袭击，黑旗军等只能反抗，中法战争正式爆发。因为装备上的巨大差距，仅仅两日，山西便陷落。

此时，在越南北宁地区，清政府还驻扎了约四十营的兵力，然而却因为将帅无能昏聩、军队纪律废弛、斗志低落而战斗力低下。法军遂将目光盯向了这块肥肉。3个月后，法军1.6万人向北宁发动进攻，不久北宁就失守了。此后，法军一路高歌猛进，越南北部的许多重镇相继陷落，同时法国在外交上加大压力，并与越南签订了最后的"保护"条令。

当清政府得知前线大溃败的消息之后，立刻加紧步伐掩盖败绩：通过改组军机处，对政治势力进行了大洗牌，光绪帝生父即醇亲王奕譞掌握了大权。他派遣李鸿章作为清政府代表和法国代表福禄诺在天津谈判，商议签订了《中法会议简明条约》(又称《李福协定》)。条约规定，清政府同意越南和法国之间签订的"所有已定与未定各条约"，对法国就越南的保护权表示承认；法国需要恪守边界协定，清政府同意"将所驻北圻各防营即行调回边界"；将来中法之间通商，首先考虑"于法国商务极为有利"。最后，法军单方面照会清政府，要求在越南的清政府军队逐渐撤出，由法军来分批接收地盘。

李鸿章当时没有明确表态，事后也没有告知清政府这件事情。眼见法国咄咄逼人的气势、越来越不合理的要求，清政府改调威望素著的前广西提督老将冯子材驰赴镇南关御敌。

就在这时，贪婪的法国又悍然挑起了北黎冲突，在当地驻守的清军顽强抗敌，成功击退法军。然而，法军丑恶的嘴脸顿时显露，竟然诬陷这一切都是清军挑起，以清政府破坏条约为借口，向清政府发出了最后通牒，要求清政府撤掉所有在越南的军队，同时向法国赔偿2.5亿法郎，因为担心清政府不允，还威胁要占领清朝的一两个港口作为抵押。

为了解决这一争端，两江总督曾国荃作为清政府代表，前去上海和法国公使巴德诺谈判。然而就在这一期间，法国又背信弃义，在清朝的东南沿海地区挑衅，兵锋所指，竟然是台湾省。在光绪十年（1884年）正月至四月期间，法军先后8次出动了舰队，在清朝东南沿海炫耀武力，并且策划占领台湾省以作担保。

众所周知，台湾战略地位举足轻重，然而，由于距离清朝本土较远，中间还有一道海峡相隔，因而守备力量极为薄弱。法军认为，很容易就能攻克台湾省，同时也不至于引起在华各个利益集团的争执和干涉。

1884年的6月，法国舰队便向台湾省步步紧逼，台海危急。值此关键之际，清政府最高统治者迫切需要一个可以独当一面的人物站出来。因得到了曾国荃的推荐，前直隶提督刘铭传被派遣到台湾省督办防务。7月，刘铭传顶着清政府授予的巡抚衔，带着一百多人轻装简行，秘密开赴台湾省。

刘铭传到任之后，采取了各种措施防备法军。一个月不到，法国三艘舰艇便开赴台湾省，向基隆发动了进攻。由于敌强我弱，刘铭传当机立断，扬长避短、诱敌深入，最终将法军打得溃不成军，基隆首战告捷。不久，法国政府迫于战场失利的压力，遂修改了条件，要求清政府赔偿八千万法郎，遭到了清政府的拒绝。于是，法军向福建水师发动突袭，福建水师仓猝应战，11艘战舰被击沉或击伤，损失惨重。不久，法军又炮轰福州船政局的马尾船厂，大肆破坏清政府的岸防设施。

无奈之下，清政府只能向法国宣战，中法战争至此全面爆发。9月，法军舰队统帅孤拔率领11艘舰船、2250名士兵向台湾省的沪尾和基隆同时进攻。实际上，孤拔是想刘铭传顾此失彼，法军真正的进攻重点，是沪尾。刘铭传何等人也，自然不会上当，他当即下令，放弃基隆，驰援沪尾。最终双方决战，刘铭传"躬冒烟弹，为士卒先"，指挥若定，从容调拨兵力，最终大败法军。孤拔原本想要到直隶沿海进行骚扰的计划只能暂告放弃。

此时，法国尚没有彻底放弃台湾省，反而恼羞成怒，出动20多艘军舰封锁了台湾海峡，想要不战而屈人之兵。刘铭传并不畏惧，他坚持自给自足，发动台湾省人民生产自救，最终让法国的计划破产，大展中华国威。1895年3月，法军舰队转而进攻浙江镇海，镇海守军被迫开炮还击，法军舰队首领孤拔的座舰被击中，身受重伤的孤拔不久便一命呜呼。

就在清军爱国将士在抗击外国侵略者的战争中抛头颅、洒热血，取得节节胜利之际，清政府在外交上却是一败涂地。在法国侵华期间，围绕着议和与交战的秘密谈判、外交活动就从未停止过。在战争的中后期，清政府本来取得了军事上的有利地位，但却拱手将这种优势相让。

究其原因，是因为多年的兵连祸结，已经让清政府不堪重负，而实际掌权的慈禧太后也只想着偏安一隅，实力雄厚的李鸿章出于维持自己地位、洋务运动尚未完全成功等各种原因，也不愿意和法国继续战下去。而其中最深刻的原因，就是清政府担心战争会激起民变、兵变，导致江山不稳、天下大乱。于是为了维护各自的蝇头小利，清政府不惜牺牲整个中国的利益，有意无意、或明或暗地向法国侵略者摇尾乞怜，寻求议和。李鸿章更是提出了"乘胜即收"的主张，把爱国将士血战的成果作为议和的大好机会。

光绪十一年（1885年）二月，在清政府的同意下，海关总税务司赫德派人前去巴黎，以促进中法和议，并在巴黎仓促签订了《巴黎协定书》，批准李福天津《简明条约》，让驻守越南抗击法军的清军分批撤回，法国则解除了对台湾省的封锁。后来，李鸿章又在天津和法国代表谈判，签订了《中法会订越南条约》，即《中法新约》或《越南条款》，条约规定：中越边境开放贸易，"所运货物,进出云南、广西边界应纳各税,照现在通商税则较减";同时,中方承认法国在越南取得的一切权益,日后清朝要修建铁路,"应向法国业者之人商办";而作为条件,法国撤出了台湾、澎湖。后来,中法双方又相继签订了《中法越南边界通商章程》《中法界务条约》《中法续议商务条约》等一系列不平等条约,西南门户洞开,两广地区成为了法国的势力范围。正应了当时有识之士的评论:清朝不败而败,法国不胜而胜。

姜还是老的辣

站在清政府最高统治者的立场来看,强敌环伺,敌强我弱,和任何一个国家妄开战端,都是不明智的行为。在当时有一张流传百年的周边形势图,将美国比作秃鹰,俄国为棕熊,英国为狮子,日本则以太阳为标志等,生动地刻画了清政府的艰困局势。

如此情势之下,清政府只能选择放弃一些,保全另一些,也就是俗称的偏安政策。对于国内尚且如此,何况是一个附属国越南呢?法国自然看到了这一点,所以选择以越南作为着力点,趁着越南肆德王逝世,幼主继位之机,强迫越南签订了《顺化条约》,使得原本存在巨大争议的《西贡条约》获得确认。然而,此时的清政府尚且坚持对于越南的宗主权。后来,在山西和北宁地区,清军一败涂地,导致了《李福协定》的签订。正当清军准备撤退之时,战局又有了新的变化,在谅山的法军遭遇大败,但法国依然提出种种无理要求,在谈判桌上争执不下,只能诉诸武力,于是,一场战争就这样爆发了。

受到普法战争的影响,法国的工业革命成果受到了较大的损害，但并不影响其在中法战争中的优势。当时的大清，洋务运动虽有发展，但是效果并不明显，工业化才刚刚起步。直到宣统二年（1910年），大清范围内的钢产量只有5011.3吨，这个产量比起法国在中法战争期间的钢产量，实在是不值一提。在海上，"闽仅有三轮分守福、厦、台，台、浙仅有两轮分守宁、温，江南兵轮仅三号可用，北洋只有两快船，有事未可远驾"。在越南，包括黑旗军在内，清军兵力虽有三万人，但是却"武器残旧，尽是火药枪、长标、大刀，敌不过有开花炮和针枪的法军"，且"内部不齐，各归各的"。因此李鸿章认为，在武器和操练上，清军万万不及法兵。

反观法国，除了英国之外，其国力堪称天下无敌。在战争爆发的两年时间内，法国的煤产量分别达到200万吨、195万吨，钢产量50万吨；在孤拔麾下的20艘舰队，总吨位达到了两万吨，而且多为世界上最为先进的木壳、装甲巡洋舰。

中法战争爆发后，法国趁势占领了镇南关，此等形势，对清政府殊为不利，在这样的背景下，冯子材受命于危难之间，应两广总督张树声之邀，督办广东雷、钦、高、廉四府团练，以便开赴抗法前线。1885年2月中旬，希望全面控制越南、占据清朝西南部的法军气势汹汹地杀来，这一次前来侵袭的法军有几个明显的变化，首先，法国国内的情势发生了变化，新上台的内阁雄心勃勃，力争在亚洲清朝取得巨大权益来稳固其地位；其次，法军的统帅波里亲自带兵上阵，势要一举夺回在镇南关失去的军威；再次，前来犯境的法军，兵力足足有两个旅团、一万多人。

在越南北圻战场东线，领导清军抗敌的将领为广西巡抚潘鼎新。迫于法军强大的攻势，潘鼎新不战而退。法军就此兵不血刃，于2月13日占领了要地凉山。两日之后，法军开始向文渊州进攻，此处的清军将领为杨玉科。

杨玉科，道光十八年（1838年）出生于兰坪县营盘镇沧东乡西营村，字云阶，是清朝著名将领。杨玉科从一个小小的军士干起，历任先锋、守备、游击、参将、总兵等官职。同治元年（1862年），杨玉科率部镇压杜文秀在云南领导的农民起义，立下了卓越战功，遂被朝廷升为陆军提督，成为了岑毓英的部下。

光绪三年（1877年），杨玉科有感于家乡教育落后，文化蒙昧，遂在家乡营盘镇创办"沧江书院"。中法战争爆发，杨玉科做了广东高州镇总兵升署提督，并且奉命率广武军三营出镇南关（今友谊关）抗法。此前，面对气势汹汹的法军，杨玉科毫不畏惧，在观音桥一带，设了三道伏兵，给法军来了一个迎头痛击，连战皆捷，使法军闻风丧胆。只可惜，随着潘鼎新的不战而逃，让原本有利于清军的战局顿时陷入了被动。

光绪十一年（1885年）二月二十三日，法军进犯文渊州，守将杨玉科力战牺牲，清军纷纷后撤，广西门户镇南关就此落入了法军的手中，他们嚣张地炸毁关门，兵锋所指，广西危在旦夕。在关前废墟中，法军还插上一块木牌，得意扬扬地写了"广西的门户已不再存在了"几个汉字，作为对侵略者的回答，广西军民在后来也立下了一根木桩，上书"我们将用法国人的头颅重建我们的门户"！

在张之洞的命令下，冯子材率领王孝祺、王德榜、苏元春等将领奔赴镇南关驻守。一到镇南关，来不及松口气，冯子材便开始巡视当地防务。因料定法军如果想要进犯镇南关，必然会从镇南关外二里多远的东岭路过，于是，冯子材命人连夜在东岭修筑了一条长三里、宽四尺、高七尺的土石长墙，在紧要处修建堡垒，布置兵力。

姜还是老的辣，果然，法军从谅山方面气势汹汹地赶来，吵嚷着要尽数歼灭镇南关之敌。然而，法军却没有料到，尚未到镇南关，便遭到了清军的顽强阻击，于是，法军的开花大炮顺着东岭山梁朝下猛轰，掩护长枪队直扑过来。而另一边的冯子材，也在积极应战的同时向后方发出命令、调拨援军。

霎时间，清军堡垒处硝烟滚滚，红尘弥漫，整个山谷像发生了地震一般摇摇欲坠，在阵地上，更是积下了厚达一寸的弹片。很快，法军便攻克了冯子材5个堡垒之中的3个。眼见形势于清军大大不利，清军将领隐约有退却之意。督办广西军务的苏元春畏敌如虎，是个不折不扣的懦夫，当法军的开花大炮轰轰隆隆地袭来之时，他马上想到了退却。然而由于冯子材的权威甚重，苏元春只能找冯子材的表哥黄云高前去劝他。

黄云高见到冯子材之后，吞吞吐吐、畏畏缩缩，好不容易说出了劝退之意，冯子材当即火冒三丈、暴跳如雷，大呼一声："汝知此处为军法地乎！"黄云高见势不妙，灰溜溜地退出营帐。后来，苏元春亲自找到了冯子材，以军中弹药不济为由，要求退兵，冯子材遂语重心长地说道："有此长墙不守，凭祥何恃？我退，敌必尾追，江左即非我有矣！我老矣，誓与此墙共存亡！君年较富，请自行，勿乱军心也！"听完冯子材一席话，苏元春羞愧不已。冯子材通过此举，断绝了大家退却的念头。

第二天，法军见前日不胜，遂倾巢而出，准备一举将清军歼灭。在开花大炮的火力掩护下，法军向着清军猛攻过去，霎时间，法军如同蚂蚁一般，潮水似的涌了过去，很多人借着威势冲向了墙头，并且翻墙而入。清军见此，许多人顿时吓得面无人色，冯子材见状，大声高呼："再让法军入关，有何面见粤人！"刹那间，清军将士震撼不已，老将尚且悍不畏死，将士何必忍辱偷生？于是乎，将士们挥舞着大刀长矛，前仆后继地冲出了长墙，冲向了敌人。冯子材也率二子冯相华、冯相荣跃出战壕，扑向敌人。

然而，法军在装备上毕竟占据了太大的优势，清军一个个相继倒了下去，幸得援军赶到，法军畏惧后撤，这块阵地暂时得以保住。这一战关乎镇南关的生死得失，法军士气大挫，于是，冯子材乘胜追击，很快便攻克了敌军重镇谅山，并且毙了敌军两千人马，使得谅山一役成为了整个中法战争的转折点。清军在战局上处于有利地位，法国茹费理内阁也因为在亚洲战场的大溃败而轰然倒台。

三朝赤诚心

1818年8月17日,冯子材生于广东钦州(今属广西)县城沙尾街的一个小商贩之家,因父母早亡,从小艰难度世,做过木工,护送过牛帮。童年流落街头的惨痛经历,使冯子材变得嫉恶如仇、坚毅果敢,还练就了一身武艺,为今后的领兵御辱打下了基础。

当时的两广,阶级矛盾尖锐,天地会起义不断。1851年4月,广东天地会领袖刘八起事,冯子材投奔了这支队伍。5月,刘八失败,冯子材率部千余投降了知县游长龄,被改编为"常胜"勇营。在以后的镇压起义中,冯子材不断立功,升至都司,并在1853年4月参与了围攻太平军的江南大营。1856年6月,江南大营被太平军摧毁,冯子材败逃丹阳。

1858年1月,钦差大臣和春在沧波门、高桥之间复立大营,围困天京。冯子材屡立战功,多次击退太平军,并攻毁其在城北修筑的栅栏营垒,几年内由都司升为总兵。清军悍将张国梁对其器重有加,曾抚其背称赞说:"子勇,余愧弗如。"

同年9月,太平军主将陈玉成、李秀成共至滁州(今安徽滁县）乌衣，准备会攻江北大营，和春派冯子材领兵5000渡江相援。27日，双方在小店对决，冯部不敌，几乎全军覆没，仅剩三四百亲兵。

1860年5月，太平军第二次攻破清军江南大营。冯子材随大营次帅张国梁逃到丹阳，又被太平军击败，张国梁落水溺死。事后，冯子材收聚残军，退往镇江固守，后归曾国藩辖制。

由于太平军没有在镇江一带投入太多兵力，曾国藩也没打算重用他，冯子材以孤军3000守御镇江，实际上处于观战的地位。1864年7月，天京陷落，清廷大封"功臣"，冯子材被赏穿黄马褂，封骑都尉世职。

1865年，冯子材被派往广东督办军务，一月之内，镇压了王狂七、独角牛、李如娘等各路义军。1867年，清军采用"步步为营"的战术，包围了广西天地会起义军吴亚终部。为切断其与其他义军的联系，清廷命冯子材肃清龙州起义军。他两面夹击，先攻陷了龙州，接着分兵攻打各处起义军据点，使得广西最终只剩下吴亚终独部。吴军因独力难支，不得不退入越南境内，越南政府大为恐慌，向清求援。1869年7月，清廷派冯子材率30营出关，兵力共1.2万余人。

冯子材入越后，配合越南军队围剿义军。8月，吴亚终在北宁城被火铳打伤，饮孔雀血自尽，部将陆续请降。1870年4月，冯子材攻克了最后一支未降力量，班师回国。

不久，义军余部三四万人又聚集到旧将黄崇英周围，号称"黄旗军"，揭竿起义。1871年，冯子材二次出关，进攻黄旗军根据地河阳。冯子材探听到刘永福与黄崇英有冲突，便给刘永福送去了五品蓝翎和功牌，请黑旗军助战。一个月以后，清军、黑旗军和越南军队联合攻破河阳，黄崇英兵败远走。冯子材因为部下水土不服，将河阳交于越南的地方长官，退回龙州。

1878年9月，李扬才率万余起义军在广东昃山造反，越王派军队联合刘永福向李扬才发动了进攻，并请求清军协助"会剿"。12月，冯子材受命三度出关，会同越军、黑旗军三面夹击，在龙登山击败李扬才，将其俘获。

1881年，冯子材回到广西，任职提督，权要刘坤一对其多有排挤。冯子材与当时的广西巡抚徐延旭也有矛盾，后者上任伊始，就将冯子材的侄子冯兆金撤职。此情此景，使得冯子材不得不退避忍让，解甲归乡。此时法国侵略军步步进逼，冯子材的家乡钦州多次面临危险，他忧心国事，顾念乡里，曾多次派人深入越境，探究法军动向。

1883年12月，法军向中国军队发起进攻，中法战争正式开始。1884年3月，北宁失守，前线指挥官、广西提督黄桂兰畏罪自杀。清政府这时才想起冯子材，但李鸿章以其年老，只给了他一个督办高、雷、廉、琼四府二十五州县团练的官职。冯子材不辱使命，虽一无实权，二无饷源，但还是在几个月间成立了9个州县的团练，其中由他亲自挑选和训练出的500名钦州练勇，成了日后"萃军"的骨干。

1884年5月，张之洞任职两广总督。冯子材主动上书，要求统率1.5万军队，从钦州进入越南东北的广安、海阳，开辟战场，牵制法军兵力。张之洞同意这一想法，欣然准许。冯子材编成18营军队，准备开赴越南。

此时的抗法前线，形势变得非常严峻。1885年1月底，法军主力在船头一带向广西进军。2月13日占领战略要地谅山。23日又侵占了镇南关，深入中国境内10公里。25日，法军由于兵力不足，炸毁镇南关城墙及附近工事，退回文渊，还在废墟上竖立牌木，出言讥讽。

这时，冯子材率军赶到了前线。法军攻占镇南关之时，清军总指挥潘鼎新放弃指挥任务，逃到了距镇南关百里之遥的海村，使得前线崩溃，兵士四处劫掠，难民蔽野。冯子材召集各路将领开会，鼓舞大家协力卫国，被众将公推为前敌主帅。

2月25日，冯军进驻凭祥，预备与法军决战。冯子材分析了敌我情况，又亲临前线，最后确定以镇南关北八里的关前隘作为预设战场，他命令部队构筑起三里多长的长墙，并在小青山上修筑多座堡垒，建成了较完整的山地防御体系。在兵力配置上，冯子材把战斗力最强的"萃军"和"勤军"放在主阵地，又派较强的兵力在左右两翼驻守，最后以强大的预备队坐镇幕府、凭祥，随时准备投入反攻。

3月23日晨，法军趁大雾偷入镇南关，上午10时30分，主力沿东岭前进，另一路从关前隘谷地迂进，企图前后夹击清军阵地。冯子材立即调拨援军迎上，并率自部坚守长墙，拼死顶住进攻。几小时后，法军在猛烈炮火掩护下，夺占了3座堡垒，威胁清军正面阵地。冯子材高呼"法军再入关，有何面目见粤民……"寸步不退。下午4时许，援军赶来，稳住了阵脚。入夜，冯子材调整了作战布置，充实前沿阵地，并派人调遣驻扣波的"萃军"突袭法军左翼。

24日上午11时，法军以重炮猛轰长墙，掩护部队猛攻关前隘阵地。冯子材发出了"有进无退"号令，待法军接近长墙时，他持矛与两个儿子冲入敌阵，率领全军将士展开白刃战。中午，从扣波赶来的5营"萃军"到达，突袭法军后部，大获全胜，法军退回谷地。与此同时，小青山处的战役还未停止，双方尽力争夺，堡垒几次易手。傍晚时分，清军袭击同登，消灭了法军的运输队，从关外配合小青山守军夺回了全部堡垒。到这时，法军三面受敌，伤亡惨重，逃回了文渊。为扩大战果，3月26日，冯子材率"萃军"和"勤军"出袭文渊，不多时便重创法军，克复了文渊州。

法军不甘失败，为等待援军，挽回败局，决定固守谅山。冯子材深知清军攻击能力不强的弱点，便定下了"正兵明攻驱驴，奇兵暗取谅山"之计。3月28日，冯子材率各部三路进攻驱驴，下午，法军不敌，退往淇江南岸。清军于29日拂晓乘乱攻入谅山，法军残部被迫逃跑。至31日，冯子材已尽复船头、郎甲以北的城镇。

镇南关大捷作为中法战争的最后一役，起到了非常大的影响。年近七旬的冯子材，凭借对中国的极尽忠诚和高超的指挥能力，带领广大爱国将士、民众，粉碎了法军的进攻，守护了国家的主权和领土完整，并导致了法国内部矛盾激化，使得茹费理内阁被迫倒台。

冯子材回国后，负责钦廉、广西一带防务，重点防御法国对祖国西南的侵略。1886年，他赶赴海南岛，镇压黎族人民起义。1894年，中日战争爆发，他北援镇江，以备朝廷调度。1898年戊戌变法期间，维新派领袖康有为曾建议光绪皇帝调冯子材入京，控制京城局势。次年，冯子材又赴任云南提督，统领全省防营。义和团运动爆发后，他曾一度上书入京勤王，但未得批准。

1903年，冯子材86岁，为镇压广西人民起义，两广总督岑春煊奏请清廷任命其会办广西军务。冯子材扶病赴桂，报答"三朝知遇之恩"。行军途中，他不幸中暑，旧伤复发，9月18日辞世于南宁。

福建水师的噩梦

法国窥犯中国西南边疆已久,因此蓄意侵占越南。1884年6月22日,法国将军杜森尼率军700人强行向谅山前进,到达北黎的观音桥,命令清军撤让或投降。

次日,清军派三名联络官到法国军营去交涉。法军气势汹汹,一副傲慢姿态,声称是前来接收越南谅山、高平两省的,将前来与之协调的清军联络官无辜枪杀,并向清军发起大规模进攻。和谈不成,清军被迫还击,接连两日战斗,均以法军溃败而告终。

28日,法国代理公使福禄诺以"中国背约"为借口向总署提出抗议,并要求给予赔偿,同时要求清军立即撤出北越。7月12日,福禄诺下达了最后通牒:给清廷一星期的时间,满足其赔款、撤兵的无理要求。清朝表示可以撤兵,但赔款之事绝无商量。16日,在清廷的命令下,驻越清军全部撤至边境。这就是史家所称的"观音桥事件"。

"观音桥事件"发生后,中法两国的谈判仍没有完全结束。为了在谈判桌上取得在战场上没有获得的利益,法国决定用武力来迫使清廷屈服,用"踞地为质"的方式对慈宁宫政府施加压力。因此,法国政府在不到一年之后,将它在中国和越南的舰队合编成远东舰队,任命远东地区扩张的积极鼓吹者孤拔为统帅,准备攻占福州和基隆。

就在法国人组建远东舰队的同一天,1884年6月24日,为加强台湾地区的防卫力量,清政府接受了曾国荃的推荐,派淮军将领刘铭传前往台湾,对军务进行督办。

没过多久,法国的远东舰队便气势汹汹地杀赴台湾,对基隆展开进攻。在大炮的猛烈轰击下,清兵暂且撤退,避其锋芒。法军误以为清军羸弱,不堪一击,便强行登陆,哪知道正中了刘铭传所设下埋伏。等到法兵上岸后,清军突然三路杀出,把法兵杀得晕头转向,吓得他们落荒而逃。而这时海面突然涨潮,下船容易上船难,不少法兵在清军的追赶下,葬身大海,幸好有军舰炮火的掩护,残兵才得以撤离。

法国人本以为拿下基隆不过是闲庭信步,轻而易举,没想到反被打得狼狈逃窜,还损失了上百人,眼睁睁地吃了个大败仗,这使他们十分颓丧。

其实,法国实在是太小看中国军力了。负责守卫台湾的刘铭传本是李鸿章的老部下,淮军主将之一,是沙场老将了。同时,刘铭传与李鸿章还是同乡,两人关系过密。临行前,李鸿章还特意面授机宜,并拨给刘铭传3000洋枪以及江南制造局造的30门大炮,以加强台湾的防卫。刘铭传到了台湾后,形势当然大不一样。

虽然基隆一战使法国人受到重创,但是他们并不甘心失败。8月16日,法国议会决定扩大战争,为了使中国屈服,还特别拨出专款3800万法郎，专款专用。同时，法国的外交部门在谈判中也同步调整了要价，要求清廷赔偿因基隆战败导致的8000万法郎的军费。

1884年7月14日，趁着中法还在议和之机，两艘法国军舰以"游历"为名，驶进福建闽江口。两天后，法国舰队司令孤拔也乘军舰到达闽江口，随后法国舰队居然大摇大摆地驶进了福建水师的马尾军港。两个近乎交战国的舰队同处一港，也可以算是世界战争史上的奇闻。

其实，这种怪现象也有其历史渊源。在太平天国运动被镇压下去后，左宗棠在福州筹备创办福州船政局设厂造船，邀请法国人江汉关税务司的日意格和退役军官德克碑为福州船政局的技术总监，来负责设址、建造和延请欧洲洋教习以及洋匠（多为法国人）等事务。

左宗棠调任陕甘总督，沈葆桢接手福州船政局后，仍旧是以法国人为主，开展了海事海军教学、建造兵船和建设福建水师三大事宜。客观地说，这些外国专家对船政局的各项事务还算是尽心尽力的，譬如福建水师的很多战舰如旗舰"扬武"号等，就是在法国人日意格和安乐陶等人的监督下完成建造的。等到福州船政局和这些外国专家们所签订的五年合同期满的1874年，他们才陆续离开福州。

位于福州东南的马尾是闽江下游的天然良港，内有福建水师和马尾船厂。当时钦办福建海疆事宜的大臣张佩纶、闽浙总督何璟、船政大臣何如璋、福建巡抚张兆栋和福州将军穆图善等人，也许认为当时和议将成，因此，当法国军舰陆续闯入闽江口并进泊马尾港的时候，严格遵循了清廷"不可衅自我开"的训令，不但没有拦阻法国舰队的进入，反而给予了热情款待。

由此，法舰可以随意进出马尾港，反而是福建水师在该港处处受制，左右为难，已经成为了法国的瓮中之鳖。就双方实力而言，两国的军事实力相差太多，这在后来法国舰队不到半小时就重创福建水师的情况中可以看出。

福建水师的战舰大多数是法国人设计监造的，因此，法国人对福建水师的战舰可以说是了如指掌。同时，由于战舰都是由福州船政局自己生产的，所以和强大的法国舰队相比，根本就是不可同日而语。

当时的中法双方实力对比为：泊于马尾的法国有8艘军舰，两艘鱼雷艇，14500吨的总排水量，77门重炮，1800名水军官兵；虽然福建水师的兵舰比法军多了1艘，但总排水量只有9900吨，另有47门普通火炮和1100名水师官兵，数量均在法军之下；同时，为防止清军塞江封口，以保障后路的安全，法军另有两艘军舰停泊在金牌、琯头一带江面。

相比之下最为糟糕的是，法国舰队都是铁甲船，而福建水师兵船的材质都是木头，正如张佩伦所言，"船略相等，而我小彼大，我脆彼坚"。法国舰队配置的都是重炮，可以轻易击穿福建水师的木肋甲板，而福建水师的火炮却对法国舰队的铁甲丝毫没有威胁。从吨位、防护能力、重炮数量、兵员素质等方面来看，法国舰队有着太过于明显的优势。而中国在马尾海战中根本就是在以卵击石。因此这场海战与其说是一场战争，还不如称之为一场屠杀。

马尾港的地理位置十分优越，闽江口外，满是岛屿礁沙，譬如五虎岛、大小龟屿等，两岸都是山岭夹峙，地形相当险峻，而从闽江口至马尾港，水道极为狭窄，最窄处仅300米，如果法国舰队没有熟悉的引水员引航，则很难在此航行。

同时，马尾港沿途两岸都建有炮台，对于贸然进入的法国舰队也可以构成很大的威胁，但闽浙总督何璟和福州船政大臣何如璋等人却担心阻止法舰进港会发生冲突，甚至会影响中法和谈，责任太大，于是便无所作为。等到法国舰队进入马尾港后，一切就都来不及了。当时也有人建议对驶入马尾港的法舰进行武力驱逐，但最终的结果却是中国水师反被法国舰队掣肘。与此同时，清廷抱定"彼若不动，我亦不动"的妥协方针，而何璟和何如璋等人又唯朝廷命令是从，因此他们颁布"严谕水师不准先行开炮，违者虽胜亦斩"的政策，也就不足为怪了。

在谈判毫无进展的情况下，8月22日，法国政府电令孤拔消灭中国福建海军。孤拔准备完毕，便决定于次日下午开战。

次日，原本安置在马尾港内军舰上的各国领事和商人都急匆匆地下船离开，很明显是大战在即的征兆。见此情景，福建水师的将士们纷纷向上级请战，要求立刻开始进入战争状态，为即将打响的战斗做准备。毕竟海军在战前要做升火起锚、调整炮位的准备工作，无法像陆军那样在仓促间也可以很快地进入战斗状态。然而当时督办福建军务的总负责人张佩纶对请战将士的态度是大声斥责，让其滚出自己的营帐，甚至连军火武器也不发下去。直到下午一点，法国舰队都已经升火起锚，张佩纶和何如璋等人才慌了神，赶紧派魏瀚去见孤拔，要求明日再战。

战争在即，不能说改就改。下午一点半，马尾港中潮水涨平。

025

此时天空突降大雨，法军趁机向福建水师发起攻击。事发突然，两艘福建水师的军舰还没能起锚就被击沉，多艘军舰受到重创。唯有旗舰"扬武"号对何如璋的禁令不予听从，在管带张成的命令下已经做好战斗准备。当法国军舰发起攻击时，在第一时间给予回击。

法军鱼雷艇见"扬武"号凶猛，便对其进行偷袭，发射了几枚鱼雷。在火力网的交织下，"扬武"号不幸被击中，搁浅后渐渐沉没。混乱之中，管带张成等人跳水逃生，事后居然被清廷以临阵脱逃的罪名问斩。

尽管福建水师的官兵都很英勇，但是，毕竟实力相距太大，又没有做好充分的准备，海战进行了还不到30分钟，11艘福建水师有9艘被击毁，其余两舰自沉，19艘运输船尽皆沉入海底，760名水师官兵英勇殉国。而法军方面，只有旗舰上的5名水兵被"扬武"号击毙，15人受伤，另有两艘鱼雷艇在战斗中受重伤，剩余的几艘战舰基本上没有遭受任何损伤。

福建水师官兵上下英勇作战，而总负责人张佩纶和何如璋却在海港内的"隆隆"炮声中冒着大雨和电闪雷鸣落荒而逃。在亲兵的拖曳下，张佩纶一路逃到了鼓山，然而败军之将不足言勇，更何况是临阵脱逃的一军之将。由于当地百姓一致拒绝进行接待，张佩纶一行只好在一个距离船厂足有二十多里的禅寺下院里藏匿了一夜。次日，张佩纶一路跑到鼓山彭田乡。正在此时，朝廷圣旨传到，闽浙总督何璟到处都找不到张佩纶，最后只好悬赏1000两，才把张佩纶找到了。

当马尾海战进行到最关键时刻，也是福建水师败相尽露之时，福州船政大臣何如璋竟然吓得落荒而逃，躲进了安施氏祠中。乡人

清德宗光绪帝

李鸿章

们怎么能容忍这个无耻之徒对祠堂的"羞辱"？为了把他赶走，一把火将祠堂烧成了平地。最后何如璋迫于无奈，只好连夜逃走，投宿到洋行。第二天早晨，入城后他想借住在两广会馆，结果又被商人们驱逐，真可谓是狼狈不堪。

8月24日上午，马尾船厂在遭到法国舰队持续五小时的炮击后，船厂厂房、仓库和一艘尚未完工的巡洋舰都遭到了极大破坏。海战结束后，清军已经料到法国人会对马尾船厂进行夺取，事先已经埋好地雷，打算将船厂炸毁。然而大作的风雨却把引线浇湿，地雷无法点燃，再加上法国舰队炮轰船厂时距离有些远，所以对船厂的破坏十分有限。战争结束后，船厂经过维修后又恢复了生产，这也算是不幸中的大幸了。

法国舰队在炮击马尾船厂后的几天里，又把布防于两岸的炮台尽数摧毁，这才离开闽江，宣告马尾大战最终结束。

马尾之战大败，清政府认为法国"专行诡计，反复无常，先启兵端"，正式对法国人宣战，并做好了发动反击的准备。

9月中旬，孤拔率5艘军舰进攻台湾基隆，副司令利士比则率3艘军舰，对台湾淡水展开攻击。法军的意图很明显，就是先占据这两处，然后继续分军行动，在台北会师。

刘铭传考虑，由于当时的台湾兵力有限，分兵防守只会造成两地皆失，故决定放弃基隆，集中兵力坚守淡水。要知道，法军之所以要占据基隆，实质上是为了将当时已经开发完善的基隆煤矿纳入自己的囊下，以保障舰队对燃料的需求。10月1日，法军在猛烈的炮火掩护下攻占压根没有设防的基隆。不过令他们万万没有想到的是，清军早已在法军到达之前将煤矿破坏了，留给法国人的只是一片荒滩废墟。

然而更在法国人意料之外的是，本以为是轻而易举的淡水登陆战竟然受到清军优势兵力的顽强抵抗，非但没有如愿占领淡水，反而扔下了上百具尸体，狼狈地逃回军舰。虽然孤拔军占领了基隆，但由于没有补充到所必需的燃料，军队无法深入，只得退而求其次，对台湾实行全面的海上封锁。

鉴于刘铭传的英勇表现，他被清廷任命为第一任台湾巡抚。

1885年初，法国舰队对浙江镇海进行骚扰，截击福建水师由上海派往台湾进行援助的五艘军舰。其中，"澄庆""驭远"两舰由于航速较慢，脱离了舰队，于是就近避入了浙江石浦，后来这两艘军舰被七艘法国军舰追上，最终被鱼雷击沉。另外，"开济""南瑞"和"南琛"巡洋舰，凭借着较快的速度，并且依赖于大雾弥漫的海上天气，方才侥幸逃脱法国舰队的追击，进入岸防严密的浙江镇海口躲避起来。

法国军舰在击沉"澄庆""驭远"两舰后便离开了石浦。他们希望的是全歼福建水师五舰，得知逃脱的三舰在镇海口停泊，便又对镇海施展攻击。清军在浙江提督欧阳利见的指挥下，沉着应战，法军多次袭击，非但没有成功，反而自己的旗舰被击伤，指挥官孤拔本人也在炮战里中弹受伤，最后只得悻悻然地撤离镇海，南撤后转而攻占澎湖岛。不久，孤拔不治身亡。

这场战役之后，福建水师寿终正寝。清政府希望借海军之力"还魂"的美梦宣告破灭。

第二章

海疆上的悲鸣

在世界大航海时代来临之后,一国的海疆成为了重中之重。正是因为清帝国没有一条有效的海上防线,才导致西方用坚船利炮硬生生地轰开了紧锁的国门。既然国内的洋务运动已然兴起,师夷长技已成为此际的朝野共识,那么,一条坚固的海上防线便成为了必须。然而,已是夕阳西下的"老大帝国",一支再好的水师,又能够为其支撑多久?

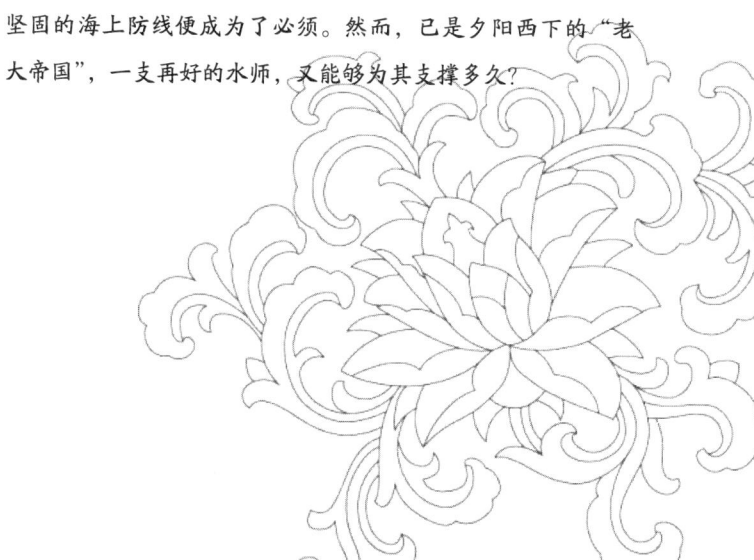

失落的亚洲第一

北洋水师始终是清政府的骄傲,但其兴起之轰烈、覆灭之惨烈,却深为后人所诟病。

1874年6月,清政府藩属国琉球的几艘渔船,因为大风意外漂流到了台湾,渔民与当地高山族人发生了冲突。清政府已经对此事做了妥善处理。但是,这件小事却引起了邻国日本的不满。原来,日本早已在琉球国内部暗中发展自己的势力,企图在条件成熟时以琉球为跳板侵占台湾。因此,他们以此次渔民冲突中清政府袒护台湾为借口,于1874年6月15日派出几艘商船,阴谋占领台湾。

日军入侵台湾的消息马上就被清政府知道了。清廷急派总理船政大臣沈葆桢率领几艘近代化兵舰前往台湾。第一次见到大清国舰队的日本兵十分惊慌,因为他们乘坐的只是几艘商船。所以,迫于清军威力,他们纷纷逃离台湾。这场近代史上中日双方的第一次正面冲突,似乎以清军的获胜结束,但实际结果却并非如此。

由于施行了"明治维新",日本几乎在一夜之间从封建时期进入了"近代文明"时代。它通过外交手段废除了与列强签订的不平等条约,而这次改革也使日本这个亚洲国家开始向欧洲列强靠拢,成为被西方国际大家庭认可的一员。因此,当日本的目的没有达到时,他的同盟者美国联合英国和法国,帮助日本一起向清政府施压。在三国的支持下,理亏而又仗势欺人的日本向清政府索赔军费50万两,软弱的清政府竟然接受了日本的无礼要求。

恼怒的总理各国事务衙门在与日本签订赔款条约后的第六天,愤然上奏清廷,强调了海防问题的急迫性。而此时的清政府似乎也已认识到问题的严重性,以前所未有的高效率,在当天就发布上谕,令沿海沿江各省督抚们在一个月内将各自的讨论意见上奏朝廷。

一场关于"海防战略"的大讨论迅速展开。

虽然时任直隶总督兼文华殿大学士的李鸿章对这次海防大讨论并不抱太大希望,但他还是提出了许多务实的看法。

限期一个月的海防大讨论,被拖延了大半年后,终于在1875年5月由恭亲王总结整理后上奏朝廷。依据讨论的结果,皇上决定成立南、北洋水师,两支水师齐头并进。不久后,沈葆桢被任命为南洋通商事务大臣,而李鸿章则担任北洋通商事务大臣,他们兼办各自的海防事宜。

李鸿章和沈葆桢都是洋务运动中的领军人物,同时也是清政府大臣中较早放眼世界的有识之士,他们都赞成发展工商业以富国力的思想,并积极主张创立中国近代的海军,以增强国力。但是,他们虽然表面互相提携,步调一致,私下却因为清政府决定分配给南北洋水师共同使用的每年约400万两白银的海军军费而明争暗斗。

两人经过几个回合的较量，沈葆桢败下阵来。善于权术的李鸿章得到了大部分的海军经费，而沈葆桢的南洋水师只拿到了很少的一部分。在拿到了大笔的银子后，对军舰一无所知的李鸿章心中犹豫不决，因为他不知道应该向哪个国家购买最先进的军舰。

在担任清政府总税务司的英国人赫德的大力推荐下，李鸿章从1875年到1879年，先后从英国订购了8艘炮船用于港口的守卫。

然而，经过考察，李鸿章发现同时订购的两艘巡洋舰"超勇"和"扬威"存在许多弱点。经过细心比对，并暗中打探价格后，李鸿章决定向德国购买军舰。与此同时，李鸿章把北洋提督的人选，锁定在了当时清政府的骑兵总兵丁汝昌身上。

就在李鸿章抓紧时间组建北洋水师的时候，雄心勃勃的日本也在马不停蹄地购买军舰。日本入侵台湾未果后，并没有放弃自己的妄想，而是痛定思痛，马上向英国订购了"扶桑""金刚""比睿"三艘军舰。8年后，朝鲜的亲中派与亲日派之间爆发战争，中日两国各自派出军舰进行干预。日本再次因海军实力远不如淮军将领吴长庆所率领的中国舰队，没有贸然发动战争。几次想要入侵朝鲜都被清政府的舰队阻碍，如此一来，日本对中国的海军恨得是咬牙切齿。把大清海军，尤其是北洋水师彻底击败，是日本海军从上至下的同一个梦想。然而，与清军其他兵种相比较，北洋水师的正规化及近代化已经远远地走在了前列，即使是日本也很难望其项背。

1866年，福建、广东等地的大街小巷贴满了一张张马尾船政学堂的招生告示。船政学堂是一所新式的军事技术学校，虽然它没有引起那些想通过科举考试走入仕途的学子们的极大兴趣，但是却吸引了许多家境贫寒的子弟。

几乎与此同时，位于日本濑户内海南端的江田岛，也成立了一个与马尾船政学堂类似的学校，叫江田岛海军兵学校。他们选拔那些日本青年中的出类拔萃者，对他们进行世界上严酷无比的艰苦训练，最终将其培养成为具备古代武士道精神的现代海军军官。而具有长远眼光的李鸿章，也将首批马尾船政学堂中的大部分学生送到英国皇家海军学院留学。

李鸿章不仅对他们的能力没有产生过丝毫怀疑，而且当这些中国第一代近代海军军官带着一口流利的英语学成归来后，他在各方面都给予了他们最好的待遇。

在北洋水师中，李鸿章支付给海军官兵的军饷远超陆军的标准。海军提督丁汝昌的报酬是每年8400两白银，比同级别的陆军将领的报酬要高出两倍多。就连北洋水师中刚入伍的新兵，每年也会有48两银子的收入。此时，苦心经营北洋水师多年的李鸿章只差最后一步，便可以使这支水师称雄亚洲。

1879年底，首创大清海军的海防大臣沈葆桢去世。他在临终前的口述遗嘱中说道：

> 臣所每饭不忘者，在购买铁甲舰一事，至今无及。臣以为，铁甲舰不可不办，倭人万不可轻视。

一代名将沈葆桢抱着深深的遗憾离开了人间。直到他身死，也没能看到属于大清国自己的铁甲战舰。李鸿章与沈葆桢有着同样的梦想，他不甘心让沈葆桢的悲剧在自己的身上重演，因此，他将后半生的大部分精力都投入到了海军的建设之中。

铁甲舰在当时海军中的地位十分重要,是一只舰队中最关键的战舰,它有着巨型的火炮、坚硬的装甲和巨大的身躯,具有极大的杀伤力,价格也异常昂贵。

1879年日本吞并琉球,中国的海疆再一次受到了威胁,局势更加紧迫。清政府这才下定决心,下令李鸿章尽快向外国购买铁甲舰。

在驻德国公使李凤苞的大力推荐下,李鸿章选定了由德国伏尔锵船厂所建造的"定远"号和"镇远"号两艘铁甲舰,另外一艘铁甲巡洋舰"济远"号也一并在该厂订造。

"定远"和"镇远"属同一级别的姊妹舰。这两艘铁甲舰在设计时,集合了德国"萨克森"号和英国"英弗来息白"号这两艘当时世界上最先进的铁甲舰的优点。

伏尔锵造船厂先后花费了近5年的时间才完成了两艘舰艇的建造。两舰长93.87米,宽17.98米,排水量7335吨,航速14.5节,装甲总重为1461吨。为保证造舰的质量,李鸿章特派曾留学英法的刘步蟾、魏翰等人进驻工厂监督制造。

北洋水师在装备实力上大大超过日本。这种状况一方面暂时遏止了日本的扩张野心,但同时也直接刺激了日本发展海军的狂热心理。

1887年,清政府向英德两国订造的4艘新式巡洋舰驶回中国。为了和西方海军接轨,李鸿章亲自下令制定北洋水师的军旗。按照海军军旗的设计惯例,军旗要以国旗作为设计基础。但是当时,大清国连自己的国旗都没有,更何况是军旗。最后几经讨论,北洋水师终于有了自己的军旗,这是一面明黄色的旗帜,上面绣了一幅蓝龙戏珠的图案,开始时做成三角形,后为与西方保持一致改为长方形。

包括已经全部归国的中国订购的外国军舰以及原有的国内自建的军舰在内,此时的北洋水师共拥有50多艘各类舰艇,总排水量达4万多吨。1888年12月17日,在刘公岛上,北洋水师正式成立,再加上南洋、广东、福建等地区的水师,中国海军的装备实力一下跃居世界第九,更是成为亚洲的龙头。

打仗放一边，祝寿最要紧

天津，直隶总督兼北洋大臣衙门后堂。

直隶津海关道兼直隶津海关监督盛宣怀来了，跟他一起来到直隶总督李鸿章面前的，还有一只木盒子。

李鸿章打开盒子：数根根茎茁壮、齐全的上好高丽参！

李鸿章一眼便认了出来，在国内，只有宫中才可能在朝鲜朝贡时得到如此品质的人参。民间，乃至官场上，除了朝廷的恩赐，绝无任何合法渠道可以得到它。

走私——这是李鸿章想到的第一个词，也是唯一的一个可能。而盛宣怀的话让李鸿章更为愤怒：这只是所查获的走私货物中极小的一部分，而涉嫌走私的，正是他为之付出全部心血的北洋水师。

北洋水师利用军舰载客挣钱，利用军舰的豁免权从朝鲜向国内走私货物早已是公开的秘密，甚至连海军提督、北洋水师实际上的直接领导者丁汝昌，都在刘公岛上盖起商铺，并对外出租，靠从中收取租金谋利。

军队经商,历来是大忌,无论古代还是现代,这一点都是政府所严禁的。如今北洋水师打着朝廷海军的旗号肆无忌惮,怎不让李鸿章为之愤怒?

更为荒谬的是,军队本应时刻保持着的训练操守,完全流于形式。海军章程上的规定,全都成了一纸空谈。

《北洋水师章程》上明确规定:海军之中,总兵以下各级官兵,必须常年在舰上居住,不得私自上岸,更不能在陆地上搭建、置办公馆。唯一可以例外的是需要接待朝廷官员视察的海军提督。

然而实际情况却是一到晚上,军舰之上的北洋官兵剩下的还不足一半,其余的都跑到了岸上去吃喝嫖赌。李鸿章不得不承认,北洋水师初建时的朝气此时已经荡然无存了。

李鸿章也知道,丁汝昌之所以如此纵容官兵,实际上还是朝廷的原因。

筹备海军之时,朝廷答应每年拨付南北洋水师400万两的军费,但从1887年至1894年的整整8年时间里,水师两部总共才从朝廷的口袋里拿到1400万两,距离3200万两的应得数目少了不止一半。

就是这可怜的1400万两是不是全数用到海军建设上了呢?把持朝政的慈禧太后可不想这么做。

1894年是慈禧太后的六十大寿,不能马虎行事。所以朝廷开始在1888年对清漪园展开重修工程,并取"颐养冲和"之意,将之改名为颐和园,由清代200多年间主持皇家建筑设计的雷姓世家样式雷的第七代传人雷廷昌主持。

当雷廷昌伸手要钱的折子递到光绪皇帝手中时,皇上就已经宣旨，让户部如数拨款。但户部尚书翁同龢把账本给光绪过目：782万两，大清国库里的全部家当。这些钱倒是够修园子，但如果全部用来修建园子，满朝文武就没有俸禄可发了。

慈禧冲着翁同龢发了一通火，也对财政的现状表示无可奈何。鸦片战争以后，不断地割地赔款，不断地镇压前仆后继的起义，将康乾时期积攒下来的家底全都赔了出去。但园子不修，慈禧又绝不甘心。最后还是一直跟李鸿章有罅隙的翁同龢出了个主意：向海军军费伸手。

大清的海军组建自鸦片战争之后便被提上了日程。林则徐提出，要建立起一支由150艘西式舰船组成的具有独立指挥系统的海上新型舰队，方能"往来海上追奔逐北，彼能往者，我亦能往"。魏源在林则徐的认识基础上，进一步提出"师夷长技以制夷"的认识观点，认为应学习西方"一战舰，二火器，三养兵练兵之法"，其中战舰是重中之重。

但这些救国方略上报到朝廷时，鸦片战争已经结束，清政府在享受割地赔款换来的那份安宁。"一切以隐忍待之"的思想在道光帝的头脑中占了上风。林则徐等人的一片苦心，全被朝廷当成耳旁风。

清政府很快便尝到了没有海上力量的苦头。1856年10月，第二次鸦片战争爆发，依靠传统旧式水师护国的清政府，接二连三地惨遭败北。当时便有人提出向西方购买战舰，但因为在经费方面的掣肘而未能成行。

第二次鸦片战争结束后，太平天国起义仍旧如火如荼。恭亲王奕䜣再次提出购买兵船。面对严峻的局势，清政府方下定决心。

1862年，清政府向英国政府购买了总排水量为2635吨、总功率为660匹马力的6艘军舰，共耗银65万两。承办此次购船事宜的英国总税务司李泰国认为这是控制中国军队的大好机会。在英国政府的支持下，曾参加过鸦片战争的英国海军上校阿思本被委任为舰队司令，毫不掩饰地把舰队命名为"英中联合舰队"。舰队的所有舰只都由英国官兵掌控，甚至连军舰的命名和海军军旗的样式都由他们说了算，而且规定舰队只接受中国皇帝和李泰国两人的命令，李泰国还有权决定中国皇帝的命令是否有效。这支几乎是李泰国私人部队的舰队，史称"李泰国舰队"。

抵达中国的"李泰国舰队"让朝廷大出所料，军政大员们无论如何也不能接受一支不受自己控制的舰队。经过反复的争辩，清政府拿出了最终的解决方案：赔了32.8万两的白银，将这支舰队拆散，分别卖给了印度、日本和埃及。

舰队卖了，但是国家没有海上防御工具是万万不可的。1864年，以恭亲王奕䜣、直隶总督李鸿章、两江总督曾国藩、两广总督张之洞、闽浙总督左宗棠等洋务派为代表，以"师夷长技以自强"为口号的洋务运动在朝野兴起。打造一支可以抵抗外侮的近代海军，便成了洋务派的首要之举。

于是北洋水师应运而生，在李鸿章的奏请下，丁汝昌任水师提督，统领北洋舰队。马尾海战之后，福建水师全军覆没，清廷方才知道一支近代化海军对于保家卫国是多么重要，便加大了打造海军的力度，正式成立海军衙门，任命醇亲王奕譞总理海军事务，庆郡王奕劻和李鸿章协办。

1887年秋，中国所有在外订购的军舰已全部回国，加上原有的自造舰只，北洋水师的舰艇总数达到62艘。再加上归海军衙门节制的南洋、福建（战后重组）、广东水师，总吨位为8万余吨，炮500余门，鱼雷发射管70余具，实力居世界第九位。而在远东地区，清政府的海军力量占据首位。

北洋水师共耗资974.85万两白银，这对因战争及赔款而使得财政捉襟见肘的清政府来说可不是一笔小数目。李鸿章对这支可以称得上是自己嫡系的军队更是爱护不已。

1888年12月17日，刘公岛上，清廷正式宣告北洋水师成立，同日由刘步蟾等将领参与制定的《北洋水师章程》也由清廷颁布施行。中国拥有了一支强大的海军。

李鸿章把北洋水师视若珍宝，翁同龢却将之视为眼中钉。在这位户部尚书的眼里，李鸿章和他的北洋水师就是一个填不满的无底洞：买军舰要钱，造军舰要钱，军火、军饷、日常维护……处处都要用钱。大清几乎用了荡产之力，来供养李鸿章的这支"私家军"，翁同龢自然不满。既然颐和园要兴建，正是李鸿章该出力的时候了。

重修颐和园的7年时间里，慈禧太后一共从海军衙门拿走了750万两的白银，这些已经超出了1400万两的一半。而计划中需要拨给海军的剩余部分则全部被朝廷拿去修三海（北海、中海、南海）。实际能到海军手里的银子连舰队日常的维护都不够，还怎么支付水师官兵的军饷？

大清水师官兵也是血肉之躯，不能靠喝风饮露活着。朝廷指望不上，李鸿章捉襟见肘，水师官兵只能去铤而走险，为自己谋生路。在这样的情况下，北洋水师的腐败气味已经透过厚厚的战舰钢甲，弥漫到大清海疆上。

李鸿章对水师的腐败毫无办法，无赏即无罚，他所能给予这支海军的唯有纵容。

而此时，大清王朝的近邻——日本正在用贪婪的目光打量着大清的海域。

每日只吃一餐的政治秀

东京，日本皇宫，松之阁。

"从今天起，朕每日只用一膳。帝国海军一日不强，朕一日不再食矣。"明治天皇望着殿下群臣，极为严肃地说出这句话。

伊藤博文、陆奥宗光、伊东佑亨、夏本武扬、桦山资纪……一干大臣被天皇的这句话惊得目瞪口呆。

这是1894年发生在日本皇宫中的一幕。而能够让明治天皇下如此决心的，却源于1886年的"长崎事件"。

1886年，北洋水师提督丁汝昌、琅威理率领6艘军舰在朝鲜东海岸海面进行例常操演。操演结束后，北洋水师并没有返回刘公岛待命，而是在李鸿章的命令下，率"定远""镇远""济远"和"威远"四舰前往日本长崎进行大修。

名为大修，实质上李鸿章却是抱着炫耀之心去的。1874年日本侵略台湾事件始终让他耿耿于怀，那次事件，让清政府下了组建一支近代化海军的决心，如今，海军雏形已立，李鸿章迫不及待地想要拿出去震慑日本。

李鸿章的想法确实收到了成效。4艘军舰停泊在长崎港口时，长崎市万人空巷，来自中国的先进、巨大战舰上龙旗飘扬，当真是威风凛凛。一时之间，如云的观者群中发出了羡慕的声音，着实让北洋水师赚足了面子。但李鸿章没想到的是，北洋水师最终的覆灭正缘于此。

4艘军舰在长崎停泊期间，几名水兵上岸购物，结果在烟花柳巷与当地警察发生了冲突，导致一名日本警察重伤，一名水兵轻伤。

对此，李鸿章承认，"争杀肇自妓楼，约束之疏，万无可辞"，但他却又认为，"弁兵登岸为狭邪游生事，亦系恒情。即为统将约束不严，尚非不可当之重咎，自不必过为急饰也"。

在李鸿章的眼里，这只不过是一个小小的冲突罢了，不必弄得两国都不愉快，也没必要对引发冲突的水兵给予重罚。然而日本却不这么想。

本来北洋水师的耀武扬威就在他们心里产生了芥蒂，他有己无的嫉妒，渐渐转化成了悄悄发芽的仇恨。冲突事件更似一根导火索，彻底点燃了仇恨的火焰。

1886年8月15日，北洋水师舰队放假一天，军舰上无论官兵，除了需要坚守岗位的之外，都可以上街观光。数百人便浩浩荡荡地前往长崎。

有了上一次冲突的教训，提督丁汝昌严饬上岸水兵不许带械，更不许滋生事端。

但日本人却早已等候多时。

上岸后的水兵分散行动。当部分水兵来到长崎市广马场外租界和华侨居住区一带时，预谋已久的数百名日本警察将多条街道的两头堵得水泄不通，持刀举械地向手无寸铁的水兵进行攻击。长崎市民也在混乱之中向水兵展开攻击。猝不及防的中国水兵虽奋起反击，但最终还是有5名死亡、6名重伤、38名轻伤，另有5名下落不明。日本方面则只有一个警察死亡，30多人负伤。

这就是历史上的长崎事件。

长崎事件之后，李鸿章拿出了难得的强硬态度："长崎之哄，发端甚微。初因小争，而倭遂潜谋报复，我兵不备，致陷机牙。观其未晚闭市，海岸藏艇，巡捕带刀，皆非向日所有，谓为挟嫌寻衅，彼复何辞？"日方也不敢跟中国撕破脸皮，事件得到妥善的解决。但这一事件却彻底掀起了日本对中国的仇恨情绪。

军国主义愈来愈浓的日本朝野，个个都在咬牙发狠：一定要打败中国的北洋水师。

1887年，明治天皇颁布了一纸诏令：

> 朕以为在建国事务中，加强海防是一日也不可放松之事。而从国库岁入中尚难以立即拨出巨款供海防之用，故朕深感不安。兹决定从内库中提取三十万元，聊以资助，望诸大臣深明朕意。

天皇一带头，下面无不响应。各级官员、富豪纷纷解囊，平民百姓也踊跃捐款。当时，日本人莫不以向海防建设捐款为荣。

不到三个月的时间里，海防捐款的总额达到了103万之多，但这些根本不够。

明治天皇挥起了鞭子，将日本新兴工业的开发权卷入到政府手中，将三井、三菱、住友等大公司，以及日本的外贸、重工业、银行全都予以控制把持，并通过各种进献、投资非法征用土地。

然而李鸿章却没有看到这一点。1891年，在日本政府的大力邀请下，他欣然派遣丁汝昌率"定远""镇远""致远""靖远""经远""来远"六舰——北洋水师的精华——自威海卫扬帆，前往日本进行访问。

殊不知，这正入了日本人布下的圈套。

此际的日本正在为对华战争做着积极的准备，但他们还需要国内舆论的支持，更需要摸清北洋水师的底细。

日本方面对北洋水师的到来可谓是举国欢迎，水师所到之处"礼意其隆"。天皇亲自接见，日本外相招待游园，海军大臣盛宴款待……一切的一切，都表现出了中日友好的假象。

作为回报，丁汝昌也在旗舰"定远"上举行招待会，答谢包括媒体在内的日本各界人士，同时，又炫耀了北洋水师的军威。

这对日本又是一个巨大的刺激。曾登上"定远"舰参观的日本法制局长宫尾崎三郎事后记述道：

> （定远舰）巨炮4门，直径一尺，长二十五尺，当时我国所未有……舰内清洁，不亚于欧洲……反观我国，仅有三四艘三四千吨级之巡洋舰，无法与彼相比。同行观舰者皆卷舌而惊恐不安。

惊恐不安之下，日本政府进一步加强加快了海军的建设。1894年，日本联合舰队共有各种军舰55艘，在总吨位、舰船航速、火炮射速上全面超过了北洋水师，迅速发展成为一支强大的远东海军力量。

也就在这时,明治再次上演了每日只吃一餐的政治秀。

日本天皇为了海军从牙缝里省钱的消息,在北京城里竟然被传成了笑谈。殊不知,面临危险的,正是清政府。

未烧城门，先灭池鱼

19世纪末以来，帝国主义列强对中国的邻邦朝鲜展开了激烈的争夺。在这场争夺中，通过"明治维新"走上军国主义道路的日本表现得最为贪婪和野蛮。

吞并朝鲜是日本"大陆政策"的重要组成部分。自从明治维新以来，日本军阀一直奉行"征韩论"的国策。光绪元年（1875年）八月，日本舰队进入汉江江口，并强占了永宗岛。次年正月，朝鲜被迫与日本签订《江华条约》十二款。条约规定：第一，开元山、仁川为商埠，日本货物免缴关税。第二，日本可以自由测量朝鲜海岸。第三，日本享有领事裁判权。此外，条约还明确规定："朝鲜为自由之邦。"这表明日本为了独霸朝鲜，极力想要破坏朝鲜与清政府的传统宗属关系。《江华条约》是日本强加给朝鲜的第一个不平等条约。此后，日本及其他列强侵略朝鲜的步伐都加快了。光绪三年和六年（1877年和1880年），日本又分别在元山、釜山设置了特别居留地（租界）。日本的一些商业公司利用不平等条约，大量向朝鲜倾销商品，使朝鲜的手工业遭到极大摧残，严重地破坏了朝鲜经济的发展。当时，以王妃闵氏为首的闵妃党把大院君李应排挤出去，掌握了最高统治权，日本便乘机培植亲日势力，通过各种手段把闵妃党置于自己控制之下。

日本对朝鲜的政治、经济侵略，加剧了朝鲜国内的反日情绪。大院君李应利用这种情绪，于光绪八年（1882年）六月初九在汉城发动兵变，处死了一些官吏和日本教官，焚烧了日本驻朝鲜使馆，最后驱除了闵妃党，重新执掌政权，史称"壬午兵变"。兵变发生后，日本政府一面派兵侵入朝鲜，一面命令驻朝公使花房义质逼迫朝鲜赔偿损失，并企图割占巨济岛和郁陵岛。得到朝鲜兵变的消息后，清朝署直隶总督张树声上报清政府，同时，派北洋水师提督丁汝昌、道员马建忠及广东水师提督吴长庆等，率军队和兵舰赴朝，于七月十三日平息了兵变，大院君被迫归政于朝鲜国王。日本的侵略计划被清军的迅速行动挫败了，花房义质看到中日两国在朝鲜的悬殊兵力，未敢轻意挑衅清朝军队。日本政府未能实现利用兵变割取朝鲜领土和夺取更大权益的企图。但是，朝鲜仍被迫于光绪八年（1882年）七月十七日与日本签订了《济物浦条约》，日本以保护使馆为借口，获得了在朝鲜驻兵的权力。

壬午兵变后，日本政府一方面加强针对中国的扩军备战，同时，竭力培植朝鲜亲日势力。当时，在朝鲜出现了以金玉均、洪英植、朴泳孝、徐光范等贵族青年为首的开化党，这个党具有资产阶级改良主义的性质。日本侵略者为了利用开化党来实现其侵朝计划，便采取各种手段诱惑和拉拢金玉均，而金玉均等也想依赖日本以夺取朝鲜的统治权。光绪十年（1884年）九月，日本驻朝公使竹添进一遵照日本政府的指示，开始策动开化党发动政变。他先蛊惑金玉均等人说：中法两国正在交战，清国即将灭亡，你们切不可坐失良机。接着，他又帮助开化党制订了政变的计划和具体行动方案。

光绪十年（1884年）十月十七日，金玉均等人按照与竹添进一秘密制订的行动计划，制造事端，把日军引进王宫，然后挟持国王，组织起一个由开化党人担任要职的亲日政权。史称"甲申事变"。

汉城民众对政变的发生十分愤慨，纷纷要求打入王宫把倭奴杀尽。有些朝鲜大臣来到清军营地，请求派兵援助。十九日，在朝鲜驻守的清朝记名提督吴兆有、总兵张光前、帮办袁世凯分别率领清军与朝鲜军民一同攻进王宫，击败了开化党和日本侵略军，把被挟持到宫外的朝鲜国王拦回。次日，竹添进一自己焚毁日本使馆，带领日军退到仁川。开化党人金玉均、朴泳孝等逃到了日本。

甲申事变后，日本国内出现了主战、主和两种争论。有的报纸大肆鼓吹要"占领朝鲜京城"，有些官僚政客也叫嚣要武装吞并朝鲜。但是日本政府考虑到其军事力量无法与清军匹敌，所以决定暂时维持和局，积极备战，等待时机卷土重来。光绪十一年（1885年）正月，日本政府派伊藤博文为全权大使，陆军中将西乡从道为副使，同李鸿章在中国天津举行谈判。李鸿章采取退让妥协的方针，三月初四，与日本签订了《中日天津条约》。条约规定：从签约之日起的四个月内，中日两国军队全部撤出朝鲜；将来朝鲜国内如果发生内乱或重大事件，中日两国或一国派兵，应事先告知对方，事定后要立即撤回，不得留驻朝鲜。这样，日本虽然撤走了驻朝鲜的军队，但却获得了随时可以向朝鲜派兵的特权，为其后来发动侵略战争开辟了道路。

日本侵略者早在中法战争结束时就已经形成了吞并朝鲜和占领中国的计划。日本政府根据以伊藤博文为首的侵略分子的策划，积极进行备战。甲申事变后，日本的一些官僚政客竭力挑拨日本与亚洲邻国的关系，声称日本应该与西方国家一同来"兴亚洲"，要按照西洋人的办法，对朝鲜和中国发动武装进攻。光绪十六年（1890年），日本侵略集团的战争煽动达到了高潮。同年底，新上任的日本首相山县有朋在帝国议会上发表"施政演说"，提出了保持国家独立的自卫之道，鼓吹日本必须保护利益线和守卫主权线。主权线，指国家的疆域界线；利益线，指关系主权线安危的地区。朝鲜就是山县有朋所说的利益线，他把朝鲜视为与日本安危密切相关的地区，公然宣称要进行"保护"。

光绪十五年（1889年）后，日本政府疯狂扩军备战，到甲午中日战争前夕，日本已拥有陆军29万人，海军配备了31艘军舰、37艘鱼雷艇。光绪十九年（1893年）底，由于日本国内各派政治力量相互倾轧，政局开始动荡不安，日本统治者决定用发动战争的方式，转移各派政治势力的视线，以防止国内出现更大的动荡。

光绪二十年（1894年）春，朝鲜爆发了"东学道"农民起义。"东学道"又称为"天教""东学教"，是朝鲜农民的秘密反抗组织，具有宗教的色彩。这年正月初十，"东学道"信徒全准率众在全罗道古阜郡起义，攻占郡府，俘获郡守，释放囚徒，夺取武器，严惩贪官，开仓济贫，广大群众因而十分拥护起义。四月，起义军攻占井邑、咸平、长城等郡，东学道徒和广大农民不断来投，队伍迅速壮大，并建立了执纲所作为政权机构，发布了"辅国安民、逐灭洋倭、尽灭权贵"等战斗纲领。四月二十八日，农民起义军攻克朝鲜南部重镇全罗道首府全州，兵锋直指汉城。

农民起义的风暴使朝鲜封建统治者受到极大震撼。他们惶恐不安，立即派遣洪启薰率领八百京兵，于四月从京城出发，赴全州进剿。但被起义军多次打败。朝鲜统治者看到单凭自己的力量已无法镇压起义军，决定请求清政府派兵帮助围剿。四月三十日，兵曹判书闵泳骏向清政府驻朝鲜总理交涉通商事宜大臣袁世凯提出请求援兵的公文，请袁世凯"迅即电恳北洋大臣，酌遣数队，速来代剿"。接到朝鲜政府的乞兵公文后，袁世凯迅即向北洋大臣直隶总督李鸿章请示。

李鸿章立即命令北洋水师提督丁汝昌派"扬威""济远"二舰，驶往汉城、仁川，保护侨商，并派直隶提督叶志超、太原镇总兵聂士成率2000余兵士东渡。五月初三，东渡清军乘坐招商局轮船赴朝。与此同时，又向驻日公使汪凤藻发电，令其根据《中日天津条约》，照会日本外务省：清政府根据朝鲜国王的乞兵公文，按照"保护属邦旧例"，"派令直隶提督叶志超，选带劲旅，星驰往朝鲜忠清、全罗一带，相机堵剿，期扑灭，务使属境又安，各国在韩境通商者皆得各安生业，一俟事竣，仍即撤回，不再留防"。

真正是心口不一

在此之前，日本侵略者就一直在密切注视着事态的发展，并大量进行阴谋活动，企图把事态扩大，以制造出兵朝鲜的机会。日本参谋本部认为，朝鲜必定要向清政府求助，而清政府也肯定会答应出兵。到那时，日本就有了借口派兵入朝。四月二十九日，日本内阁通过了陆奥宗光的建议，即如果中国确实派遣军队赴朝鲜，不管其用何名义，日本也必须派遣相当的军队赴朝。这清楚地表明，日本早已确定了发动侵略战争的方针，决定趁清政府派兵助剿之机，出兵进占朝鲜。

但是，日本政府仍担心清政府不愿派兵赴朝，便极力诱惑。日本驻朝使馆译员郑永生曾诱劝清廷驻朝总理交涉通商大臣袁世凯说：东学党起义愈拖愈不好办，贵国政府为何不迅速出兵助韩，日本政府绝没有其他用意。四月二十六日，日本参谋本部根据伊地知幸介的报告，认为朝鲜政府必然请求中国援助，中国也必将同意朝鲜的请求。因此，参谋本部认为，日本有必要出兵朝鲜。当天，外务大臣陆奥宗光同回国的日本驻朝公使大鸟圭介就出兵事宜进行了磋商。四月二十九日，日本内阁召开会议。会议根据陆奥宗光的意见，正式决定出兵朝鲜。当夜，陆奥同外务次官林董及参谋次长川上操六对出兵的策略、兵力等问题进行了商讨。五月初一，陆奥向大鸟发出关于处理朝鲜问题之训令，通知他如果确认清政府出兵朝鲜时，"帝国政府应立即派遣兵员"。"如清国官吏问及我出兵的理由，可按照《天津条约》第三款回答之：朝鲜国内发生叛乱有危及帝国公使馆、领事馆及帝国侨居臣民生命财产之虑，因而出兵。"五月初二，关于日本出兵朝鲜致清国的照会被内阁会议通过。同日，日军成立了战时大本营，并命令大鸟公使返回朝鲜任职。五月初三，向日本驻中国临时代理公使小村寿太郎发出训令，让他把日本出兵朝鲜的消息通知清政府。五月初五，日军开始军事行动。从五月初七起，日军陆续抵达朝鲜。至十三日，共有八艘军舰，载着约四千名陆军、五百名陆战队员入朝。兵力是赴朝清军之两倍。

五月初五，日本驻华临时代理公使小村寿太郎，向清政府提出日本出兵朝鲜的照会。清政府接到照会的第二天，据理驳斥日本出兵的理由，在给日本的复照中重申了清政府系"应朝鲜之请，派援兵戡定内乱，乃从来保护属邦之旧例"，并强调："目下釜山、仁川各港情形，虽然平静，然该两地为通商口岸，故暂留军舰，以资保护。若贵国派兵，系专为保护使馆领事馆及商民，自无必要派多数军队。贵国派兵，既非出于朝鲜请求，望勿进入朝鲜内地，以免惹起惊疑。"但日本挑衅的决心已定，因而对清政府的劝告毫不理睬。五月初九，日本政府在照复中蛮横无理地说，日本此次派兵朝鲜，"系根据日韩济物浦条约之权力；而出兵手续系根据天津条约，帝国政府可自行裁决派遣军队多寡，其进退行止，毫无受他人掣肘之理"。

实际上，早在复照清政府之前，日本就已出兵朝鲜了。五月初二，日本参谋部设立了战时大本营，并请天皇批准派出混成旅团赴朝。同日，陆奥宗光便命令大鸟圭介带领四百余名陆战队员，乘"八重山"号军舰动身。接着，一户少佐率领日军一大队向朝鲜进发。就在叶志超、聂士成率领清军分别于五月初五、初六到达朝鲜后，初七，大鸟便带兵进入汉城，其后续部队也分批不断到达朝鲜。李鸿章在得知日本出兵朝鲜的消息后，才看清了日本的阴谋，所以急电袁世凯阻止日军的行动。五月初九起，袁世凯与大鸟在汉城举行紧急会谈，就双方撤兵问题进行商讨。但日本政府侵朝的战争机器已经开动，不愿就此罢兵。因此，李鸿章阻止日本派兵的活动宣告失败。五月下旬，已有万人左右的日军进驻朝鲜。

为了蓄意扩大事态和制造出兵朝鲜的借口，五月十一日，日本内阁会议通过了所谓改革朝鲜内政的方案，声称：平定乱民以后，为了改革朝鲜内政，须由中日两国共同向朝鲜派出若干名常设委员，"查核"朝鲜有关的经济、政治、军事。清政府在收到包含上述内容的照会后，于五月十八日让汪凤藻复照日本政府，表示反对共同"改革"朝鲜内政，并再次建议中日两国军队应该共同从朝鲜撤出。对于这一答复，陆奥宗光于第二日又一次复照汪凤藻，表示日军决不能撤出朝鲜。此后，日本一方面仍继续向朝鲜增派军队，另一方面准备独自"改革"朝鲜内政。五月二十三日，大鸟公使与朝鲜国王就"改革"朝鲜内政的必要性进行了详谈。六月初十，日本向清政府提出所谓声明，即日军今后如在朝鲜发生不测，责任应由清政府承担。同时，陆奥宗光训示大鸟圭介：当前之急务应是促成中日冲突,为实行此事,可以采取任何手段。可以说中日战争已如箭在弦上,一触即发。

朝鲜朝野对日本入侵朝鲜,感到相当惊惧。五月初五,朝鲜外务督办赵秉稷强烈要求杉村从速电告日本政府,"即施还兵之举,以敦友睦,免生枝节",遭到日本无礼拒绝。五月初六,大鸟公使由日本回到仁川,决定于第二日率兵入京。朝鲜政府立即派人劝阻,又被大鸟严拒。初七,大鸟率420名海军陆战队员,携四门野炮,强行闯进汉城。

此时,赴朝清军已到达牙山。朝鲜政府也不断增派援军,同先期赴朝进剿的官兵协同作战,收复了全州。朝鲜局势逐渐平静下来,日本以护使护侨护商作为出兵的借口已不存在。但当赵秉稷访问大鸟,对其擅自率兵入京进行责问,并敦促其立即撤兵时,却又一次遭到拒绝。为了避免冲突,清政府决心令赴朝部队定期返回国内,并希望日本同时撤兵。各国舆论也强烈谴责日本派兵的行为是师出无名。但是,日本政府不仅拒绝撤兵,反而继续增兵,并召开内阁临时会议,做出了"日军在任何情况下都不能撤退"的决议。陆奥宗光还对大鸟圭介发出训令,"即使外交上有多少纷议,亦必使大岛少将所率之本队悉数列阵汉城"。这一切表明,日本政府已决心挑起战争冲突,因而对中朝两国的强烈抗议和各国舆论的谴责充耳不闻,一意孤行。但是,日本强词夺理,在外交上陷于被动。为摆脱困境,日本政府需要寻找新的借口,制造新的事端。

"以夷制夷"的计划落空

在日本的外交讹诈和武力威胁面前，清政府中以慈禧太后和李鸿章为代表的主和派，不敢对日军的行为进行针锋相对的斗争，不加强战守准备，而是利用帝国主义之间的矛盾，即采取"以夷制夷"的方针，来保持和局。尤其是寄希望于英俄两国进行干涉，迫使日军退出朝鲜，以避免战争冲突。

甲午战争前，英俄两国是争夺亚洲和世界霸权的主要敌手。沙俄早就对朝鲜半岛怀有野心，曾多次诱惑朝鲜签订密约，妄图控制朝鲜。俄国驻华公使喀西尼在甲午战前曾经说过，如果朝鲜发生冲突，"我们当然不能置身局外"。五月十七日，李鸿章向喀西尼要求俄国出面调停中日争端时，喀西尼表示：俄韩两国是近邻，俄国决不会容许日本侵略朝鲜。二十二日，沙俄政府通过驻华参赞转告李鸿章："俄皇已电谕驻俄使转致倭廷，勒令与中国共同商议撤兵事宜，俟撤后再议善后办法。如倭不遵办，电告俄廷，恐须用压服之法。"同一天，沙俄政府训令驻日公使希特罗渥，"劝告"日本与中国同时把军队从朝鲜撤出。五月二十七日，沙俄政府再次向日本政府发出照会，要求其与中国同时撤兵，并警告日本政府如果拒绝劝告，应当承担一切后果。五月二十九日，日本政府照复俄国，声称：日本出兵朝鲜，绝无侵略疆土之意，实属对于现在形势不得已之举，若至该国"内乱"完全消灭，回复平稳状态，将来无何等危惧时，自然撤退其军队。这一外交照复，正如陆奥宗光自己所说的那样，不过是"以外交的笔法，婉言拒绝了俄国政府之劝告"。

这时，李鸿章为了促使俄国出面干涉，竟向喀西尼提出，由中、日、俄三国共同对朝鲜内政进行改革，三国在朝鲜分享同等权力。六月初一，喀西尼将这一情况报告给沙俄外交大臣吉尔斯。喀西尼在报告中认为，"这一建议对于我国很有利，它将保证今后得以维持朝鲜秩序，将摒除中国在朝鲜的优越势力"，并要求俄国政府接受这一建议。但沙俄政府经过审慎考虑后，认为事态错综复杂。接受李鸿章建议，强迫日本撤兵，虽可获得重大利益，却会得罪日本。特别是当时英国也在等待时机，一旦俄国以任何方式援助中国，英国很可能支持日本。这就不仅促使日英靠拢，使自己受到孤立，甚至要冒发生战争的风险。俄国当时虽力图扩张在远东地区的势力，但由于尚未完成西伯利亚铁路工程，要在远东发动一场战争，还存在一定困难。因而，它希望暂时维持远东地区的现状。日本政府既然已经保证"绝无侵略疆土之意"，也就顺水推舟，以免促成日本和英国的联合，从而加强俄国在远东的对手英国的势力。因此，六月初五，吉尔斯向喀西尼发出训令说："李鸿章对我们的信任我们完全珍视，然而我们认为不便直接干涉朝鲜的改革，因为在这建议的背后，显然隐藏着一个愿望，即把我们卷入朝鲜纠纷，从而取得我们的帮助。"这样，俄国政府为了自身利益，不愿接受李鸿

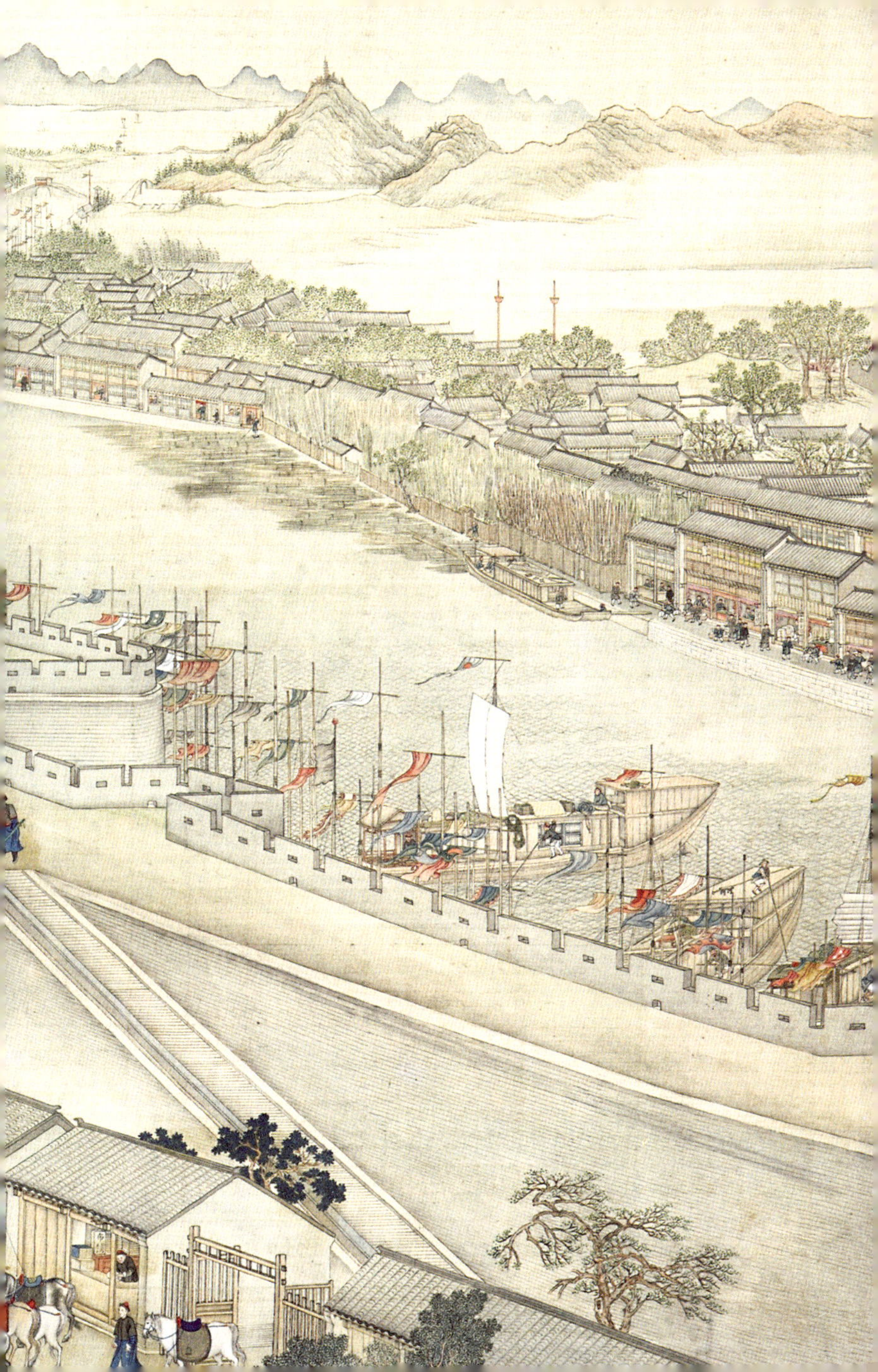

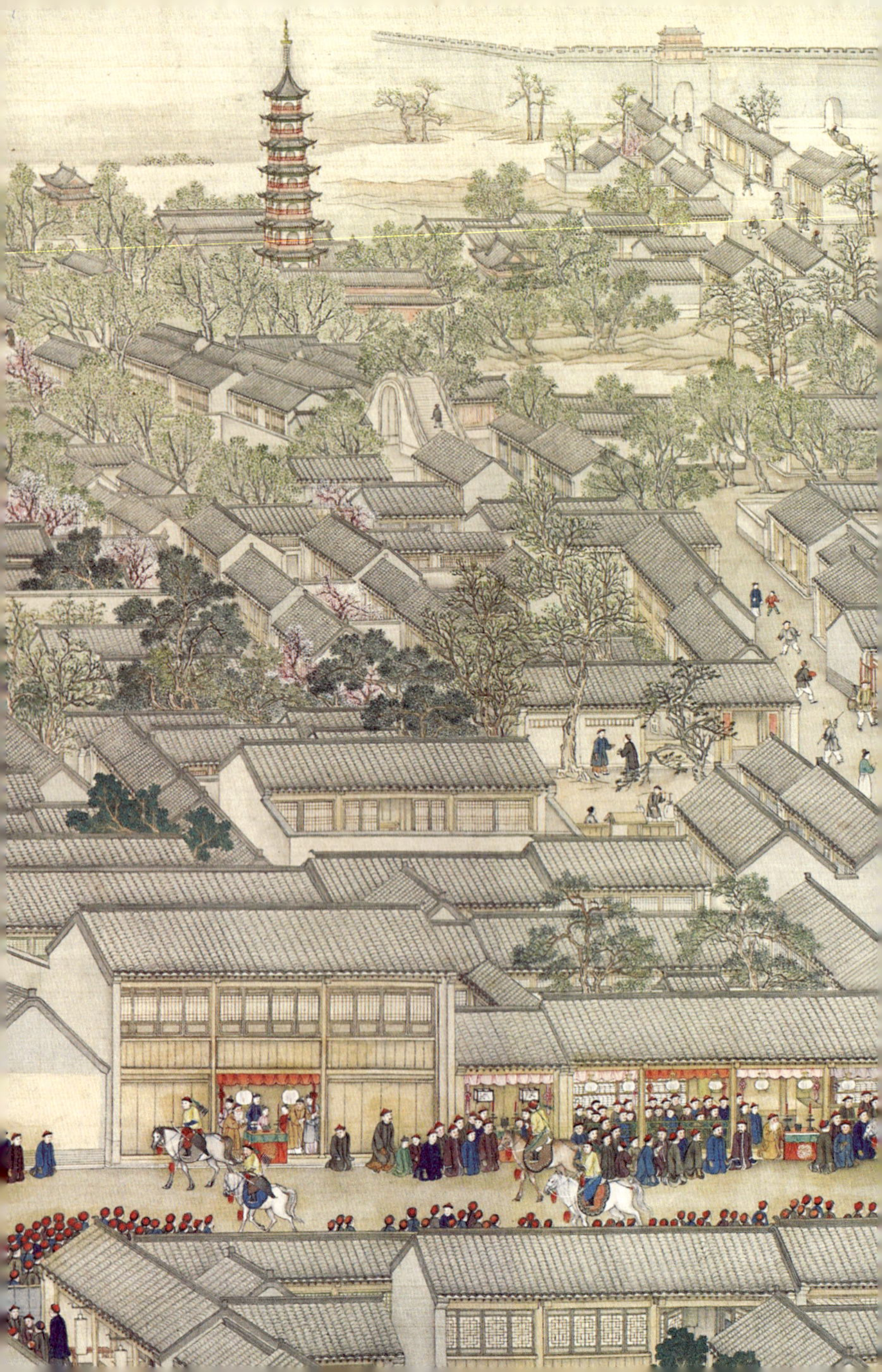

章的建议。六月初七，沙俄政府向李鸿章明确表示："倭韩事，明系倭无理，俄只能以友谊力劝倭撤兵，再与华共商善后事宜，但未便用兵力强勒倭人。至于朝鲜内政应革与否，俄亦不愿干涉。"至此，清政府乞求俄干涉的希望破灭了。

清政府在乞求沙俄出面干涉的同时，也请求英国进行调停。五月二十八日，李鸿章请英国驻华公使欧格讷，"转电外部，速令水师提督带十余艘铁快舰径直赶赴横滨，与驻使同赴倭外署，责问其以重兵压韩之无理，扰乱东方商务，与英关系重大，勒令撤兵，再商善后，谅倭必遵，而英与中倭交情尤显。此好机会，勿让俄著先鞭"。

英国对日本在远东扩张侵略势力的做法，态度很矛盾。沙俄是英国在远东的主要竞争对手，因此，英国把扼制沙俄势力作为其远东政策的出发点。后起的日本，暂时还对英国在远东的利益构不成重大威胁。考虑到利用日本可以抑制沙俄势力的南下，英国愿意支持日本在朝鲜进行扩张。但同时，又担心中日之间的战争冲突，会改变远东现状，从而影响英国在远东的既得利益和给俄国带来扩张势力的机会，因此，又想出面调停。当李鸿章与喀西尼在天津频繁接触，乞求沙俄出面干涉的时候，英国政府焦虑难安。英国驻华公使欧格讷急忙出面怂恿总理衙门，以"同保该国土地勿令他人占据"和接受"改革朝鲜内政"为基础，撇开俄国直接同日本谈判。

经过英使欧格讷的斡旋，六月初七，总理衙门王大臣与日本驻华临时代理公使小村寿太郎举行谈判。虽然英国提出的谈判条件有利于日本，但因此时日本发动战争的决心已定，对英国的调停根本不感兴趣，又找不到合适的理由拒绝，便在外交上敷衍应付，毫无和谈诚意。在谈判桌上，小村以清政府要求日本撤兵朝鲜为借口，极力破坏和谈的进行。谈判破裂后，陆奥宗光于六月十二日又发电指示小村寿太郎，令其向清政府声明："近日驻贵国之英国公使注重中日两国之友谊，以好意居中周旋，努力调停，然中国政府除依然主张我国从朝鲜撤兵外，不为何等商议；此非中国政府徒好生事而何？事局已至此，将来如果发生不测之变，日本政府不承担责任。"这个声明被陆奥称为"日本政府对于中国政府之第二次绝交书"。这一颠倒是非、蛮横无理的外交声明，彻底暴露了日本政府的狡诈面目：既要破坏谈判，又想嫁祸于人；既要发动战争，又想推卸罪责。

接到声明后，清政府虽颇感激愤，但仍委曲求全。为谋求中日争端的和平解决，再次通过英国政府向日本表示了谈判的愿望。但此时，日本已经完成了在朝鲜的军事部署，陆奥宗光认为，已"没有与中国优游于樽俎之间再行会商之暇；若断然拒绝英国之调停，恐外交上有失礼仪，故以为不如提出中国政府无法接受之条件，使之自然中止为得计"。于是，日本政府向清政府提出无法容忍的苛刻条件：第一，即使中国政府同意对朝鲜内政进行改革，但对于此前"日本政府以独立着手之事项，中国应不容喙"；第二，中国政府必须在五日内答复日本此次提议，否则"日本政府不能与之应酬"；第三，中国不得增派军队赴朝。中国政府只有同意上述先决条件，日本才同意举行谈判。日本政府这种出尔反尔、蛮横无理的态度及所提的苛刻条件，连英国政府都认为：与日本政府曾言明之谈判基础相矛盾，且超出其范围之外，日本政府已单独着手之事项使中国政府毫不容喙协议云者，实际是违背《天津条约》之精神。但清政府仍抱着求和之心，再次退让，对日本的条件完全同意，只是提出在改革朝鲜内政时，只能劝告朝鲜政府，不能强迫。同时，还格外做出让步，承认日本在朝鲜享有的通商权力与中国同等。清政府希望通过这些让步换取日本承认"遇朝鲜有大典，日本不能与中国并行"，以维持其对朝鲜形式上的宗主国地位和脸面。日本政府却百般刁难，坚持中日两国必须强迫朝鲜国王遵行改革朝鲜内政；遇朝鲜大典，两国必须平行，以此逼迫清政府放弃对朝鲜形式上的宗主国地位，并承认日本在朝鲜一切方面享有独断独行的权力。日本政府的目的，就是要用这些清政府无法接受的条件使谈判决裂，逼迫清政府作战。

英国政府目睹了这一切，深知日本已经决心发动战争，和谈不可能再进行下去，遂于六月二十一日向日本政府发出照会："中国之上海为英国利益之中心，故欲日本政府承认不在该港及其附近进行战争的运动。"这实际上是暗示日本：只要日本不在上海及其附近地区发动战争，不影响英国在这些地区的利益，英国就不会出面干涉。与此同时，英国与日本于光绪二十年（1894年）六月十四日正式签订了英日新约，规定：英国取消在日本的租界和租界行政权；取消在日本的领事裁判权；提高关税税率等。这个新约的缔结，实质上是使日本战时外交政策获得了英国的重大支持。英国外交大臣金伯雷在签约时也说："对于日本来说，这样的条约效果确实不小。说其效力比在朝鲜击败中国的大军更为远大也不为过。"

英日新约签订后，英国要求日本在发动战争时，把上海划为中立区，得到了日本的同意。此后，英国关注的焦点便发生了转移，转而更加重视日本打败中国后，可能带来的更多渔利的机会。由于英日间的相互勾结，清政府谋求英国调停的幻想也告落空。

这一天终于来了

当日本步步进逼,战争一触即发之际,清政府内部在和战问题上也存在着分歧。这时,慈禧太后垂帘听政和训政达二十余年之久,她虽已宣布"撤帘归政",由光绪皇帝亲政,但内外大事的最后决定权仍掌握在太后手中。此时在清廷内部逐渐形成了两个政治集团。一些顽固守旧的贵族、大官僚,依附于太后,实际上操纵和控制了清政府的军政外交大权,从而形成了"后党"集团。光绪帝自登基以来,一直受慈禧太后控制,亲政以后依然没有太大的权力。为了改变受制于人的处境,光绪皇帝依靠他的师傅翁同龢,把一部分官僚集结在一起,形成了"帝党"集团。"帝党"成员大多数是一些通过科举擢升的文职官员,没有掌握实权,力量薄弱。

面对日本的战争威胁,清朝统治阶级内部,大体上是形成了主和、主战的两派势力:"后党"主和,"帝党"主战。

主和派以慈禧太后为首,主要包括庆亲王奕劻、恭亲王奕䜣、李鸿章及淮系集团、军机大臣孙毓汶和徐用仪等握有实权的贵族大官僚。主战派以光绪皇帝为首,包括被李鸿章排挤的湘系集团,以及翁同龢等没有实权的文职官员。

在甲午战争中,握有清政府军事外交大权的李鸿章,一开始就"一意主和",他认为敌强我弱,中国不能和日本开战,因而消极备战,把希望寄托在国际调停上。五月中旬,袁世凯、汪凤藻请"厚集兵力",均遭他的拒绝。五月二十日,总理衙门电询李鸿章,"倭如不停地添兵,我应否多援以助声威",李复以"今但备而未发,续看事势再定"。从这可看出,李鸿章存有侥幸观望的态度,不作战守准备。

相反,光绪帝则主张一面议和来商谈,一面作备战准备,即"实力备战以为和地",不完全把希望寄托在英俄调停上。从五月下旬起,他一周之内连发三道上谕,指示备战。五月二十二日谕令:"口舌争辩已经无济于事。……此时事机吃紧,应如何及时措置,李鸿章身负重任,熟悉倭韩情势,着即妥筹办法,迅速具奏。"五月二十八日又谕:"现在倭焰愈炽,朝鲜受其迫胁,其势岌岌可危,他国劝阻亦徒托之空言,决裂将不可免";"我战守之兵及军火粮饷,必须事事筹备确有把握,才不致临时诸形掣肘,贻误事机"。五月二十九日严旨:"倭人胁迫朝鲜,其焰方张,势将决裂,内防外援,自宜事先预筹","若待事至决裂而后议守议战,肯定来不及,不可不事先筹备"。他提醒李鸿章,"不宜借助他邦,致异日节外生枝"。对于李鸿章乞求英国派军舰赴日、勒令日本撤兵的做法,光绪帝认为:"如出自彼意,派兵护商,中国亦不过问;若此意由我而发,彼将以自护之举,托言助我,将来竟要求我补偿所耗兵费,中国断不应允。"并警告李鸿章,"嗣后该大臣与洋人谈论,务必格外谨慎;假若轻率发端,以致贻误事机,定惟该大臣是问"。他还对李鸿章专恃俄使调停的做法特别提出告诫："俄使喀西尼留津商办，究竟彼国有无助我收场之策，抑或另有觊觎别谋？李鸿章当沉几审察，勿致堕其术中，是为至要。"

六月十二日，日本驻华临时代理公使小村寿太郎照会总理衙门，把日本政府的"第二次绝交书"递交给中国，指责中国"徒好生事"，"将来如发生不测之变，日本政府不任其责"，实际上是向中国发出最后通牒。面对如此严峻局势，光绪帝感到战争势不可免，便由前一阶段的一面备战，一面和商，转而针锋相对地坚决主战。十四日，令军机大臣和总理衙门大臣讨论朝鲜事态。十六日，翁同龢等上奏《复陈会议朝鲜之事折》，主张采取"不战而屈人之术"，一方面迅速准备战事，派军前往朝鲜与日军相持；另一方面"稍留余地"，如日方"情愿就商，但使无碍大局，仍可予以转圜"。这个意见得到光绪帝的同意。在"一意主战"的同时，仍然向日本敞开"和商"的大门。

但是，日本已决心在战争的道路上继续走下去。六月二十一日凌晨，日本驻朝鲜公使大鸟圭介率领日兵攻入朝鲜王宫，发动政变，劫持了国王，并成立了以大院君李应为首的傀儡政权。接着，逼迫大院君废除同清政府缔结的一切条约，并"授权"日军驱逐在朝的中国军队；二十三日清晨，日本海军在朝鲜牙山湾丰岛附近海面，突然袭击中国舰船，悍然挑起侵略战争。同一天，日本入朝的陆军混成旅团，由汉城出发南下，向驻在牙山的清军进攻。至此，和平解决中日争端的大门被日本完全关闭了，清政府被迫应战，以战争反对战争。六月二十九日，总理衙门照会日本驻华临时代理公使小村寿太郎，指责日本首先挑衅，"致废修好之约，此后与彼无可商之事"。同一天，日本外务大臣陆奥宗光向中国驻日公使宣布，两国进入战争状态。七月初一，光绪帝正式下诏宣战。宣战诏书揭露了日本政府悍然发动侵略战争的种种事实，宣布"倭人渝盟肇衅，无理至极，势难再予姑息容忍。着李鸿章严饬派出各军，迅速进剿，厚集雄师，陆续进发，以拯救韩民于涂炭"。同一天，日本天皇睦仁也下诏宣战。中日两国政府的宣战，标志着中日甲午战争的正式爆发。

奕䜣也不能将"杯子修补完整"

慈禧太后的本意虽不想对日宣战,但在廷臣和全国主战舆论的压力下,她也一度表现出主战的姿态。但战争爆发后,清朝海陆军连遭败绩,使她丧失了抗战的信心。为了对光绪帝的"一力主战"进行牵制和为日后留有和商的余地,慈禧太后决心重新起用在中法战争中被她罢斥的恭亲王奕䜣。九月初一,她和光绪帝召见奕䜣,并颁布懿旨,令其管理总理衙门,添派总理海军,会同办理军务,但没有给他太大权力,只是"会同"办事。当时许多朝臣认为国家面临多事之秋,宫廷内部应当捐弃前嫌,和衷共济,度过这艰难的时刻。奕䜣这样的亲贵,有着多年的政治外交经验,应当让其全权统筹大局,而不应屈居于"会办"地位。有些官员奏请恢复奕䜣10年前的原职,也有人提出让奕䜣总揽军务,均未被获准。这表明慈禧太后还没有完全捐弃前嫌,对奕䜣还是有所顾虑。奕䜣也完全懂得太后是想利用他的影响,在外交上多做些弥缝工作,为议和留有余地,而不是一力主战。因此,他复出后所做的第一件事,就是在九月初八正式向各国驻华使节呼吁,请求列强出面干涉中日争端。

十五日，又同英国驻华公使欧格讷讨论请求各国出面调停问题。欧格讷提出，可以由英国出面，以"联合仲裁"的方式进行调停，但必须以各国保护朝鲜、中国赔偿日本军费为条件，军机大臣孙毓汶和徐用仪对欧格讷提出的条件表示同意，认为只有如此才能保祖宗龙兴之地；李鸿藻和翁同龢认为这是偏袒日本，反对接受。奕䜣也倾向于孙、徐意见。次日，奕䜣向太后上奏。此时，距十月初十的慈禧太后六十大寿庆典已为时不远，为了"万寿盛典"能顺利进行，她希望早日结束战争，因而急于求和。因此，她责成奕䜣按英国的条件办理。但是，俄、美、法、德等国在接到英国提出的"联合调停"建议后，由于相互间的利害冲突，并没有都认同英国的建议。十月初三，奕䜣又以恭亲王的名义恳请美国调停。

十月初四，清廷成立了督办军务处。以奕䜣为督办，李鸿藻、翁同龢、长麟、荣禄为会办。从此，奕䜣在军事和外交上取得了最高指挥权力，但尚未入军机，慈禧太后对他的信任仍有所保留。

这时，侵略战争的战火已被日本引向中国，清朝陆海军接连惨败，主和声浪甚嚣尘上，慈禧太后的求和心态更加明朗。因此，奕䜣虽然名义上是督办军务处督办，也提出过战而后能和的主张。实际上，他几乎把全部精力用来寻求外交解决的途径。为了求和，甚至可以赔款割地。十月初六，奕䜣邀请英、俄、德、美、法各国公使到总理衙门晤谈，并向各国公使提出照会，以皇帝和皇太后的名义，请求各国公使提议本国政府出面调停。当天，奕䜣分别向清驻外使节杨儒、龚照瑗、许景澄发电，要求他们同英、俄、德、法、美、意各国外交部商洽调停事宜。第二天，为了继续要求各国公使出面调停，又以允许朝鲜独立、赔偿日本战费为条件。

十月二十七日，日军攻占旅顺口的消息传来，慈禧太后更加气急败坏。她认为国事到这种地步，是由于光绪听从主战派的意见所致。十一月初八，竟侵越皇帝权力，做出一系列打击主战势力、加强主和势力的重大决策。

此时，奕䜣受命主持军机，极力支持危局。在军事上，采纳军机处的建议，檄调刘坤一北上主持战事，以湘军代替淮军出关作战，并催促刘坤一火速北上；又调陈、魏光焘两支湘军出关支援宋庆，并给陈、魏两军拨支兵饷，竭力筹措战事；同时，遴选赴日谈判使节人选，并以"君命"委派张荫桓和邵友濂为全权代表，东渡日本乞和。

奕䜣复出后，某外国通讯社曾报道说，他有"将现任枢臣们粉碎了的杯子修补完整"的责任。然而，奕䜣也无力回天，他无法挽回清政府的败局，无法把"粉碎"了的"杯子修补完整"。

且战且求和

清政府在对日宣战的同时,派大同镇总兵卫汝贵率十三营盛军、高州镇总兵左宝贵率九营奉军、提督马玉昆率四营毅军、副都统丰升阿率六营奉天练军盛字营和吉林练军,共三十二营,总计13500人,入朝参战。卫汝贵率盛军6000人入平壤,提督马玉昆率毅军2000人进义州,左宝贵率所部准备开赴平壤。为往牙山增兵,李鸿章雇用英国小商轮"飞鲸"号"爱仁号",载一营清军前往,由北洋舰队的"济远""扬威""广乙"三舰护航。二十一日,又租英国商轮"高升"号,载着二营清军,开往朝鲜,军械物资则由北洋舰队的运输舰"操江"号运送。清军运兵计划被日本间谍窃取,日军遂准备在朝鲜海面截击中国军舰和运兵船。二十二日,"飞鲸"号、"爱仁"号抵达牙山。次日凌晨,"济远""广乙"二舰从牙山返航,行至牙山口外的丰岛海面遭到日本军舰的猛攻,日军"吉野"号首先开炮,"秋津洲"号、"浪速"号也猛烈开火。北洋舰队被迫进行还击。开战不久,双方战舰都被击伤,"广乙"号中弹后起火,失去战斗力,管带林国祥令南驶搁浅,后自行炸毁。"济远"

号管带方伯谦仓皇躲入仓内,并下令挂上白旗逃离战场。"吉野"号穷追不舍。爱国水手李仕茂、王国成两人手动操尾炮轰击,四发三中,把"吉野"号击退。"操江"号和"高升"号被"浪速"号、"秋津洲"号包围。"操江"号被俘。"高升"号上的爱国官兵视死如归,冒着敌人的炮火,英勇还击,直到船体全部沉没,1200名官兵除300名遇救外,其余皆壮烈殉国。

二十六日,日军向牙山东北二十公里的成欢进犯,聂士成率领3000名清军奋勇抵抗。二十七日凌晨,于光等在佳龙里伏击日军,击毙日军中队长尉松崎臣等多人。后因日军增援,于光等牺牲。日军猛攻聂军较薄弱的左翼,聂士成多次派兵增援,均未能成功。聂士成率众抵抗日军进攻,击毙了日军大队长桥本昌世少佐和多名士兵,终因弹药不足,只得奋力杀出重围。成欢失陷。

四路大军入朝后,清军占据了优势,本应抓住战机,主动南下进攻汉城的日军。虽然光绪帝下旨:"星夜前进,直抵汉城","相机进取,力挫凶锋"。可李鸿章置谕旨于不顾,令各军"先定守局,再图进取"。结果,四路大军入朝后,既不南下攻敌,又不据守险要之地,而是聚集在平壤,给敌军以陆续增援和集结兵力的时机。六月底,叶志超率部从牙山败退,七月下旬逃抵平壤。他谎报军情,向清政府邀功。清廷不辨真伪,对他赏银两万两以示嘉奖,并任命其统率平壤各军。逃将升官,败军受赏,消息传出,全军哗然。叶志超对战守不做认真布置,每日与诸将狂喝滥饮,坐等日军来攻。日军利用这一有利时机大力增兵朝鲜,至八月上旬,先后运送陆军3万余人在仁川、釜山、元山等地登陆。

七月初一,中日双方正式宣战。宣战后,清政府继续坚持避战静守的策略方针，在平壤消极防御，坐待日军从容进兵。八月十三日至十五日，日本陆军约万人，按预定计划分四路包围了平壤。十六日，日军分三路对平壤发动总攻，战斗在大同江南岸、玄武门和城北牡丹台及城西南同时进行。经过两天激战，平壤被日军攻陷。左宝贵等爱国官兵为国捐躯，叶志超等弃城北逃。

十八日晨，完成护航任务返航的北洋舰队在驶至大东沟附近海面时遇到日军联合舰队。为了偷袭北洋舰队，日军联合舰队司令伊东佑亨竟下令悬挂起美国国旗，以此为掩护，急速驶向北洋舰队。中午时分，丁汝昌判断出这支急驶而来的是日本舰队，命令各舰升火，准备战斗。黄海海战终于爆发了。

日舰共有12艘船，其中包括由"千代田""松岛""桥立""严岛""扶桑""西京丸""比睿""赤城"8舰组成的本队和由"吉野""浪速""高千穗""秋津洲"4舰组成的第一游击队，旗舰为"松岛"号。北洋舰队包括"定远""镇远""济远""经远""致远""靖远""来远""广甲""扬威""超勇"等10艘战舰，"广乙""平远""福龙"也曾一度参战，旗舰为"定远"号。丁汝昌先以"犄角鱼贯阵"迎敌，后见敌舰是"一字竖阵"，又下令改为"犄角雁行阵"，以"定远""镇远"两舰居中，其余各舰横着排列。但尚未完成队形变换，激战已经开始，所以刚交战时，北洋舰队是以人字阵与日舰对垒的。距敌近6公里时，"定远"舰管带刘步蟾即下令开炮遥击，各舰相继发出第一排炮弹，但由于距离太远均未能击中目标。日舰在相距3公里时，发炮轰击，第一游击队4艘战舰向距主力舰较远的右翼"超勇""扬威"两舰集中进攻。"扬威""超勇"中炮起火，"超勇"沉没，"扬威"搁浅，失去战斗力。

"定远"舰施放大炮,船身颠簸,站在飞桥上督战的丁汝昌因而被抛到舱面负伤,改由刘步蟾指挥。刘步蟾镇定自若,水兵们顽强抗敌,"定远"等舰猛击敌方"比睿""赤城"两舰,使它们都退出战斗。

下午,日舰采取首尾夹攻战术,对北洋舰队构成很大威胁。"致远"舰管带邓世昌率舰迎击日本舰队,鏖战中弹药即将用完,而船体受伤严重,"吉野"号又迎面开来,邓世昌便下令加大马力撞向"吉野"号,准备与敌人同归于尽。"吉野"号一边慌忙躲避,一边施放鱼雷。"致远"舰不幸被鱼雷击中,全舰沉没,邓世昌等200余名官兵,除20余名得救外,其余皆壮烈牺牲。见"致远"舰已沉没,"济远""广甲"两舰遂夺路逃走。"济远"舰慌不择路,竟撞沉了搁浅的"扬威"舰。"广甲"舰偏离航线,搁浅在大连湾的三山岛外,次日被日舰击沉。"经远"舰受到日本第一游击队的围攻,全舰将士在管带林永升的指挥下,孤军奋战,发炮攻敌,在炮战中,林永升等200余名官兵仅16人获救,其余皆壮烈殉国。"定远""镇远""来远""靖远"4舰在极端不利的情况下沉着应战,先后击中敌舰"松岛""西京丸""吉野"等,杀死杀伤众多敌人。海战进行了5个多小时后结束,双方互有损失,日舰稍占优势。李鸿章旋下令命北洋舰队回威海卫拒守。日军占领朝鲜全境并掌握了渤海、黄海制海权,分陆海两路向中国进逼。

九月二十六日,日本侵华第一军在山县有朋的率领下,从朝鲜的义州向清军的鸭绿江防线发动攻击;第二军在大山岩的指挥下出大同江,在花园口登陆,直犯金州,南攻辽东半岛。二十七日,与马金叙、聂士成交战后,日军攻陷虎山。二十八日清晨,日军进攻九连城，守将吕本元、刘盛休早已逃之夭夭，日本侵略者因而不费一枪一弹即占领这一重镇，后又攻陷安东（今丹东）。同日，花园口也被日军占领，随后日军又侵占貔子窝。十月初七，日本侵略者开始进攻金州，旅顺总兵徐邦道自告奋勇赴金州抗敌。初八，双方在距金州5公里的石门子展开大战。徐邦道因孤立无援，退守旅顺。初九，日军侵占金州，然后兵分三路向大连进犯。大连虽有炮台，配备了最新式的大炮，弹药储存丰富，但守将赵怀益贪生怕死，临阵逃脱，这样，日军于初十不战而得大连，当地的120门大炮及大量炮弹、军用物资全部落入敌手。

二十一日，日军开始进攻旅顺。旅顺尽管拥有30座炮台，近150门大炮，环海布有水雷，驻有30余营军队，但是作为实际统帅的龚照玙鄙庸劣，金州失守前曾一度逃到天津。临时统领姜桂题也是一个无所作为的庸才。因此当日军进攻旅顺时，只有徐邦道率部奋勇抗敌，并于次日在土城子一带沉重打击了日军。二十三日，徐邦道统率的爱国官兵伤亡也不小，而且疲饥交加。在这时刻，黄仕林等人却率部逃走，其部下公然抢劫银号公库，使旅顺陷于一片混乱中。二十四日，日军会攻旅顺，徐邦道寡不敌众，被迫突围。次日，旅顺失陷。日本侵略者进入旅顺后，进行了灭绝人性的大屠杀。他们见人就疯狂地乱砍乱杀，有的被割去双耳，有的被砍掉脑袋，有的被挖去双眼，有的被钉在墙上，有的妇女在被奸污后还被开膛剖腹。这场大屠杀共进行了4天，尸横遍野，血流成河，仅有36名当地人幸免于难。日本侵略者在他们的脸部刺上免杀的记号，让他们来抬同胞的死尸。日本侵略者的残暴本性暴露无遗。

为了乞求和平，十一月二十四日，清政府正式通知日本，决定派张荫桓、邵友濂为全权大臣赴日媾和。但是，日本侵略者并不肯就此收兵，他们又把侵略的矛头伸向了北洋舰队的重要基地威海卫。十二月，日本从国内调派一支军队抵达大连湾，与入辽东半岛的部分日军会合成新的军团，以大山岩为司令官，共计2万人，由联合舰队25艘军舰、16艘鱼雷艇掩护，准备进攻山东半岛。日军首先进攻成山以抄威海卫的后路。十二月二十五日，日本侵略者攻陷成山和荣成县城后，由陆路向西挺进。山东巡抚李秉衡派兵与敌在枫岭、桥头等地交战，屡战屡败，威海卫后防诸要塞全部落入敌手。光绪二十一年（1895年）正月初五，日军向威海卫南帮诸炮台发起进攻，同时，联合舰队也从海上发起攻击。

当时，北洋舰队尚有2艘铁甲舰、5艘巡洋舰、6艘炮艇、12艘鱼雷艇，战斗力还比较强。但李鸿章等人严禁海军出击，命其死守威海卫，陷于被动挨打的不利局面。从正月初五起，日本联合舰队在伊东佑亨的指挥下，对威海卫发动了多次进攻，南北帮炮台先后被日军占领。北洋舰队因而受到日本陆、海军的夹击。十一日，"定远"舰中鱼雷搁浅。次日，"威远"号也中鱼雷沉没，"来远"舰中雷。十三日，日本联合舰队发动总攻，旗舰"松岛"号受到重创。北洋舰队12艘鱼雷艇擅自逃逸，有的被俘虏，有的被击沉。十四日，日舰又一次发动攻击，"靖远"舰受重伤。总教习美国人浩威、英国人马格禄鼓动北洋舰队的外国人及威海卫营务处提调牛炳昶等，逼迫丁汝昌投降，被丁汝昌拒绝。十五日，日舰再次进攻，"靖远"舰中炮搁浅，其余舰艇的弹药即将用尽，浩威、马格禄等人再次劝降，还挑动士兵逼迫丁汝昌投降。丁汝昌见大势已去，派人炸沉"靖远"舰。"定远"舰管带刘步蟾也派人将"定远"

舰炸沉，然后自杀殉国，实践了他自己在开战初立下的"苟丧舰，将自裁"的誓言。十七日，丁汝昌也在绝望中自杀身亡。十八日，"广丙"舰管带程璧光乘"镇北"炮艇把降书递给了日本联合舰队，日本侵略者获得了"镇远""平远""济远""广丙"4舰和6艘炮艇及刘公岛上的全部军用物资。二十三日，日本舰队开进威海卫港，并在刘公岛登岸。北洋舰队全军覆没。

在日军进攻山东半岛的同时，中日双方在辽东也分东、西两路展开了激战。东路大高岭一线，依克唐阿、聂士成率部与日军不断周旋。陈的湘军与聂士成军换防后，同东边道道员张锡銮一起，会同当地民众，分别于二月初二和初五收复了宽甸和长甸。在西线，清军先后5次反攻海城，但均告失败。日军侵入辽东半岛后，从海城、岫岩、盖平分三路出击，清军一路溃败。日本侵略者在占领鞍山等地后，于二月初八大举进犯牛庄。当日军杀进牛庄市区时，守将魏光焘、李光久等正在吸食鸦片，看到日军后迅速逃走了。广大爱国官兵自发地抵御日军，有的据屋后墙角死守，先后有2000人牺牲。次日，牛庄失陷。牛庄失守后，吴大从田庄台逃到石山站。守卫营口的宋庆当晚也统率3万大军逃到田庄台。十一日，日军不战而得营口。十三日，日军猛攻田庄台，宋庆经过激战，敌不过对手，弃城逃走，未及撤离的近2000名官兵惨遭杀害。日本侵略者攻陷田庄台后，纵火焚城，田庄台一市至此遂成为一堆废墟。日本侵略者占领了整个辽东半岛。

马关改变了中国

光绪二十年（1894年）九月，英国提出的"联合仲裁"失败后，清政府转而请求美国出面调停中日争端。美国为了从和谈中得到好处，表示愿意出面斡旋。十月初九，美国驻日公使遵照本国训令告诫日本政府，战争要适可而止，否则"如果中国被打垮，英、法、俄、德等国将以维持秩序为名，瓜分中国"，这样不利于日本。在美国的劝告下，十一月初一，日本政府通过美国驻华公使转告清廷，同意与中国议和。十一月二十四日，清廷正式派户部左侍郎张荫桓、巡抚邵友濂为议和全权大臣。光绪二十一年（1895年）正月初七，张荫桓、邵友濂同日本全权代表伊藤博文、陆奥宗光在广岛开始进行谈判。日本虽同意清政府遣使议和，但并不是真心诚意地想实现和平。这是因为，一则日本尚未实现攻占威海卫、消灭北洋舰队的图谋；二则认为张、邵二人"全权不足"，不能满足其通过谈判进行勒索的要求。一月初八，双方代表进行第二次会晤，伊藤等按照事先的密谋，无理刁难中国代表。他们以张、邵二人的全权证书手续不完备为借口，反诬中国没有和谈诚意，拒绝开议，并肆意践踏国际外交准则，把清政府拍给中国代表的电报扣留，拒不交出。清政府为了不使和谈破裂，委曲求全，表示可以修改全权证书，日方同样予以拒绝。日本公开点名要李鸿章为清政府全权代表，清政府被迫答应。为尽快媾和，二月十八日，李鸿章以美国人科士达为顾问，带领他的儿子李经方及随员伍廷芳、马建忠等，乘坐德国轮船，赶赴日本马关。二十四日，李鸿章与日本全权代表伊藤博文、陆奥宗光在马关开始议和。李鸿章提出先停战、后议和的要求。伊藤博文见机行事，肆意勒索，遂提出包括占领天津等地在内的四项停战条件。李鸿章见日方的停战条件极端苛刻，只好撤回停战要求，先议和款。会谈结束后，在返回寓所的途中，李鸿章的左眼下部被日本暴徒小山丰六郎用手枪击伤，谈判被迫中断。

那天正是光绪二十一年二月二十日，在风雪漫天之际，战云四逼之中，鼓轮而东，海程不到三天，二十三日的清晨已到了马关。日本外务省派员登舟敬迓，并说明伊藤、陆奥两大臣均已在此恭候，会议场所择定春帆楼，另外备有大使的行馆。

威毅伯（李鸿章）当日便派公子荫白同着福参赞先行登岸，会了伊藤、陆奥两全权，约定会议的时间。第二天，就交换了国书，移入行馆。第三天，正式开议，威毅伯先提出停战的要求。不料伊藤竟严酷地要挟，非将天津、大沽、山海关三处准由日军暂驻，作为抵押，不允停战。威毅伯屡次力争，竟不让步。

这日正二十八日四点钟光景，在第三次会议散后，威毅伯积着满腔愤怒,从春帆楼出来,想到甲申年伊藤在天津定约的时候,自己何等的骄横,现在何等的屈辱,恰好调换了一个地位。一路的想,猛抬头,忽见一轮落日已照在自己行馆的门口,满含了惨淡的色彩,不觉发了一声长叹。叹声未毕,人丛里忽然挤出一个少年,向轿边直扑上来,崩的一声,四围人声鼎沸起来,轿子也停下来了,觉得面上有些异样,伸手一摸,全是湿血,方知自己中了枪⋯⋯

⋯⋯幸亏弹子打破眼镜,中了左颧,深入左目下。当时警察一面驱逐路人,让轿子抬推行馆;一面追捕刺客,把六之介获住。威毅伯进了卧室,因流血过多,晕了过去。

⋯⋯日本恐挑起世界的罪责,气焰倒因此减了不少,竟无条件地允了停战。威毅伯虽耗了一袍袖的老血,和议的速度却添了满锅炉的猛火,只再议了两次,马关条约的大纲差不多快都议定了。

虽是小说家言,但曾朴笔下的这段文字恰恰记载了在教科书中看不到的一幕景象。

李鸿章遇刺后,日本政府一度恐惧不安,既担心列强乘机干涉,又怕李鸿章据理采取强硬措施。而为了在谈判中达到割占中国台湾的目的,日本又调兵进犯澎湖列岛。二十九日,澎湖列岛被日军攻陷。陆奥宗光通知李鸿章:日本政府已经同意暂时停战。李鸿章在得到陆奥宗光的通知后神情十分高兴。三月初五,双方签订了不包括台湾和澎湖列岛在内的、为期三周的停战协定。

自三月初七起,议和进入第二阶段——缔结和约的谈判。日方提出了包括要求中国承认朝鲜为完全的独立国，日本割取台湾全岛及附属各岛屿、澎湖列岛、奉天南部地方，赔偿日本军费三亿两库平银，开放北京、重庆等七处为通商口岸等十一款议和条约底稿，条件非常苛刻，并限四日内议复。经过李鸿章的再三乞求，三月十六日，伊藤博文提出了一个修正案，将战争赔款、奉天南部割地和增开通商口岸等要求做了一些缩减，"声明此系文武熟商再三核减尽头办法，请三日内回信。两言而决，能准与不能准而已"，并以"战争持之愈久，则花费必将愈多，今日我方应允之讲和条件，并非到他日亦必须应允之"进行威胁，甚至恫吓说："倘不准，定即添兵。广岛现泊60只运船，可载数万兵，小松亲王专候此信，即日起程。"在日方的催逼和威胁下，三月十八日，清廷被迫电谕李鸿章与日方订约。二十三日，李鸿章与伊藤博文、陆奥宗光签订《讲和条约》（即《马关条约》）十一款及《议订专条》三款。《展期停战另款》二款、《另约》三款、《马关条约》十一款的主要内容是：

第一，中国承认日本对朝鲜的控制；

第二，中国把辽东半岛、台湾全岛及所有附属岛屿、澎湖列岛割让给日本；

第三，赔偿日本军费二亿两库平银，分八次交清。"第一次赔款交清后，未经交完之款，应按年加每百抽五之息"；

第四，日本臣民得在中国通商口岸城邑，任便从事各项工艺制造，又得将各项机器任便装运进口，只交所定进口税；

第五，开放重庆、沙市、杭州、苏州为商埠，日船可以沿内河在以上各口自由航行，载货搭客。

中日之战和《马关条约》对中国产生的影响极为严重。尽管中国军民英勇抵抗外来侵略者，用鲜血和生命谱写出一曲曲英雄壮歌，但是仍无法从根本上扭转败局。北洋水师全军覆灭，湘军的大溃败，既是清朝封建统治者主和投降造成的恶果，又暴露了其极端虚弱的本质。中国人民受到日本侵略者惨无人道的屠杀，国家领土受到强盗铁蹄的践踏。赔款及赔款利息数额巨大，超过清政府每年国库收入的3倍，清政府被迫向列强大举借取外债，中国人民的负担更加沉重。而日本侵略者则以这笔赔款大力发展本国资本主义，逐渐转化为帝国主义国家。条约规定的日本人可在中国投资建厂的权力像一根绳索，捆绑住中国民族资本主义发展的手脚，阻碍了中国近代生产力的发展，而列强对华的资本输出便合法化了。《马关条约》的签订使列强侵华的野心急剧膨胀，各国争相在中国投资，进行资本侵略；列强在中国拼命划分"势力范围"，掀起一股瓜分中国的浪潮。《马关条约》的签订，进一步加深了中国半殖民地化的程度，中华民族的危机空前严重。

重建北洋水师

甲午战争的失败，让中国海军的精华尽失。虽南洋水师仍在，但其实力远不如北洋水师，担不起守护中国海疆的重任。清政府自暴自弃，把原北洋水师当作战争失败的替罪羊，将官兵全部强行遣散，撤销海军总理衙门，叫停内外海军学堂。这些顽固派认为是办海军而招来了灾祸，主张韬光养晦，彻底停办海军事业，否则会"欲御侮反而适以招侮"。

一心想通过海军来支撑大清的李鸿章，也因这场战争的关系被明升暗降，由北洋大臣调为入阁办事，但"不得与闻政"。一年之后，又被委任为总理各国事务衙门大臣，不能再插手海军事务。清末的海军事业少了李鸿章，就等于少了一块主心骨，重振海军雄风之事，也就被清政府无限期地搁置起来。

但帝国主义列强的军舰却没有因为朝廷放弃了海军便心慈手软。随着一系列不平等条约的签订，帝国主义军舰开始不满足于只在中国海上游荡，长江、黄河，凡是有入海口的中国内河上，到处是挂满了异国旗帜的军舰，哪里还看得出这其实是中国的土地？

这一幕幕深深地刺痛了朝野上下有志之士的心。同是洋务派代表人物的张之洞挺身而出，要求把重建海军作为御敌之第一大任，从应付外敌之严峻形势角度出发，宜应建立两支海军舰艇部队分属两洋。钦差大臣刘坤一也在奏请朝廷的建议书中说，中国南北海疆绵长，如无海军则无物以资御外敌，中国海疆若失，国不能成国，因此，必须考虑复建海军。他认为，鉴于北洋水师作为编制已经撤除，目前建立海军有所不妥，宜应由各地方政府定下决心，做一些复建海军的前期准备工作，如建立学堂、训练新兵、购置新舰等。

张之洞与刘坤一的振臂一呼，唤醒了已陷入绝望的朝廷正直官员。他们在朝堂之上一力坚持，深剖利弊，那些顽固派理屈词穷，也不得不认可了没有海军便没有中国的事实。

经过朝臣们的多方努力，1896年，清廷终于在失去北洋舰队一年之后，下令重组北洋水师。在陆军部下设海军处，并再次向英国和德国订购军舰。但在一些冥顽不化的顽固派的阻挠下，北洋水师的重建工作进展困难。

这时候，李鸿章以古稀高龄、衰朽之身，不顾舆论的压力，又重新投入重建北洋水师的工作中。他虽然不能以负责人的身份直接处理具体事务，但凭着他多年丰富的外交经验，屡次化解一桩桩外交危机。

李鸿章的努力没有白费。到1898年，中国开始了戊戌变法，欲通过资产阶级维新来复兴大清的光绪皇帝提出，"非添设海军、筹造兵轮无以为自强之计"，北洋水师的重建工作走上了正轨。虽然戊戌变法仅维系了短短的103天，就被慈禧太后发动的戊戌政变给扼杀了，但北洋水师的重建工作却仍得以顺利进行。1899年，重建后的北洋水师已拥有巡洋舰5艘、驱逐舰2艘、鱼雷舰8艘，重新拥有了一定的规模。4月，清廷任命叶祖珪为北洋水师统领，萨镇冰为帮统。

这支重建的北洋水师却命运多舛：1900年，八国联军入侵中国，炮轰山海关，火烧圆明园，将数艘北洋水师的军舰掠走。清朝的海军建设再次陷入低谷。

1905年，清政府在南洋大臣周馥的建议下，下令统一南北洋水师，叶祖珪任提督，同年叶祖珪去世，由萨镇冰接任。宣统元年（1909年），宣统皇帝溥仪即位，随即设立筹办海军事务处，任命载洵和萨镇冰为筹办海军大臣，把全国5支舰队（北洋、南洋、福建、广东、湖北）统一改编，分为巡洋和长江两个舰队，并重新分配了舰船。巡洋舰队统领由程璧光出任，负责海防事务，下辖巡洋舰4艘、驱逐舰1艘、鱼雷艇8艘、练习船和运输船各1艘，共计15艘舰船；长江舰队统领由沈寿堃出任，负责长江河防，下辖鱼雷炮舰2艘、炮舰12艘、练习舰1艘、运输船2艘，共计17艘舰船。宣统二年（1910年），清廷又将筹办海军处改为海军部，由载洵出任海军大臣，萨镇冰改任海军统制，统一管理巡洋和长江两支舰队。

重建后的海军规模因财力所限，较之原北洋水师有很大的差距，更别提跻身当时世界的前列了。但对于中国海军事业来说，这次重建毕竟是踏踏实实地跨出了一大步。到1910年底，清末海军已拥有巡洋舰8艘、驱逐舰8艘、鱼雷艇12艘，再加上1艘练习舰及其他战舰总共拥有舰船46艘，其中2000吨级以上的战舰有十几艘,"海天""海圻"两艘巡洋舰更是达到了4300吨。此外,江苏、浙江、福建、奉天、山东、广西、湖北、安徽等省份仍然保留了一些舰艇。据统计,全国总共有舰艇135艘,共51627吨,但大多都为旧式小舰艇,装备陈旧落后,完全不能满足出海作战的需要。

第三章
戊戌变法,近代化政治改革的尝试

103天,中国君主立宪制的近代化改革尝试,在希冀中开启,又在闹剧中落下帷幕。它留给世人的,是中华民族不屈的抗争,也是华夏儿女自强的梦想。可以说,正是因为这短短的103天,才鼓舞起了国人推翻封建制度的勇气。

秀才们要造反啦

光绪二十一年（1895年）是三年一度的春闱会试之期。春暮时节，考试已毕。往年的这个时候，赶考的举人们无不呼朋唤友，连日吃酒，热闹非凡；可今年却大不一样，酒楼茶肆的老板们惊讶地发现，这一科的举人们全然无心作乐，而是各个面露凝重之色，整日匆匆忙忙，不知在忙些什么。

在宣武门达智桥胡同的杨椒山祠内，几百个举人正聚在一起，操着南腔北调，激烈地讨论着什么。在这些人中间，有一个三十多岁的中年汉子，看起来明显比其他人老成许多，此人并不说话，只是听着这些人的争论。少顷，他才开口道：

"各位年兄年弟，都静一静。关于向朝廷上书这件事情，虽然各省举人都有去上，然而终究是各自为政之局，恐怕难以引起今上的重视。愚意以为，不若以十八省举人之名，联名上奏。我等都是国家抡才大典选出的天子门生，如此一来，庶几可以收到奇效啊！"

此言一出，顿时群情振奋，只听各种叫好之词、附和之语此起彼伏。此人面带微笑，顿了一会儿，举了举手示意大家安静下来，又说："若各位年兄年弟认为此策甚好，在下便斗胆提笔作文，还要烦劳各位共同署名，稍后由卓如送到都察院去。"周围的举子们又纷纷响应。

计策既然已定，这个中年男子也从一片壮怀激烈的气氛中慢慢地走出来，到后院去写上疏。只见他拂开宣纸，提起狼毫笔，饱蘸浓墨，用恭恭敬敬的楷体写下几个大字：上今上皇帝书。他深呼了一口气，又继续写下去："具呈举人康祖诒等，为安危大计，乞下明诏，行大赏罚，迁都练兵，变通新法……"

这个人，就是在中国历史上留下浓重一笔的康有为。

康有为原名康祖诒，字广厦，号长素，咸丰八年（1858年）出身在广东南海一个书香门第。他的高祖康文耀在当地设帐讲学，收徒千余名之多，颇有名望；他的祖父康赞修是道光二十六年（1846年）的举人，做过钦州学正，合浦、灵州、连州训导；父亲康达初也是举人出身，后来参加曾国藩的湘军，在江西做过小官。

康有为从小就接受了良好的教育。虽然其父康达初在他11岁那年就去世了，但其祖父康赞修却对这个孙子关心有加。早在康有为8岁的时候，就跟随在祖父身边学习。康赞修对宋明理学颇为崇信，对乾嘉汉学则不屑一顾，在他的影响下，康有为自然也对汉学家烦琐考据的功夫不甚在意，而是立下雄心壮志，从小就以"圣人"自许。在祖父的教育下，康有为从小就熟读经史，为以后著书立说打下了扎实的基础。

光绪三年（1877年），康有为19岁，康赞修去世。这对于刚刚成年的康有为是一个很大的打击。悲痛之余，他不得不寻找一位新的老师继续学习。不久他拜岭南学派著名的理学大师、人称九江先生的朱次琦为师。在朱次琦的指导下，康有为对理学有了更深入的了解。

然而不久康有为就感到了不足。这一时期，随着洋务运动的兴起，中国印行了不少讲"西学"的书籍，身处广州的康有为自然对此接触颇多。他逐渐感到，理学"仅言孔子修己之学，不明孔子救世之学"，他决心开创一种更加务实、经世致用的学问。

光绪六年，康有为到西樵山白云洞隐居读书，阅读了大量经世致用的书籍和西学书籍。光绪八年（1882年），康有为第一次赴北京参加会试，但未能录取，在返回广州的路上，他到了上海。日益繁华的上海滩让康有为深深折服，他认为这才是中国的出路。在返回广州前，康有为在上海一次购买了三千册图书，其中有相当一部分是翻译成中文的西方科技著作。他决心以此为基础，制定一套全新的学说。

康有为于光绪十三年再一次进京赶考，再次落榜，但这一次他却并非一无所获。借此机会，他写了一篇洋洋洒洒的万言书，要求进献给光绪皇帝。在这封上疏中，康有为综合了他10年来刻苦读书的心得体会，认为当今的世界大势，不能墨守祖宗成法，而应该变法维新，并提出了"变成法，通下情，慎左右"三条纲领性主张。康有为将这封上疏交给了李鸿章，请求后者代为上奏，但李鸿章并没有答应他的要求。

回到广州以后，康有为租下了孔庙，在此创立了万木草堂，一面开馆讲学，一面著书立说。在这期间，他先后写下了《新学伪经考》和《孔子改制考》两书，后来又开始动笔写《万法公理》（后出版时定名为《大同书》)。《新学伪经考》将西汉时发现的古文经认定为伪书,而古文经学自然也就成了伪学。基于这一考证,康有为否定了汉学和宋学的学术争论,并以今文经学"微言大义"的传统为出发点,为变法维新张目;《孔子改制考》则在《新学伪经考》的基础上,进一步阐发了今文经学的"三世说"历史哲学。这一理论原本来源于春秋时期公羊学派,但长期默默无闻,在嘉道年间才由龚自珍、魏源等人重新发掘出来加以论述。康有为在他们的基础上阐发了这一理论,将孔子的理论表述为信奉变化与发展。他写道:"所传闻世为'据乱',所闻世托'升平',所见世托'太平'。乱世者,文教未明也;升平者,渐有文教,小康也;太平者,大同之世,远近大小如一,文教全备也。大义多属小康,微言多属太平。为孔子学当分二类乃可得之。此为《春秋》第一大义。"

毫无疑问,康有为的理论和学说在广州乃至其他地区的正统学者看来,不啻于是异端邪说,他们纷纷对其进行了猛烈的抨击。但对于一些年轻人来说,康有为的学说却极其富有新意。这些年轻人从小接受了正统的儒家思想,同时又经受着"欧风美雨"的洗礼,自然怀着和康有为同样的心情。他们进入万木草堂学习,在康有为的指点下读书,并且试着从不同的角度观察世界。康有为的渊博学识和个人魅力都深深地吸引了他们,他们和康有为一道,致力于破除儒家经典,开创维新之路。

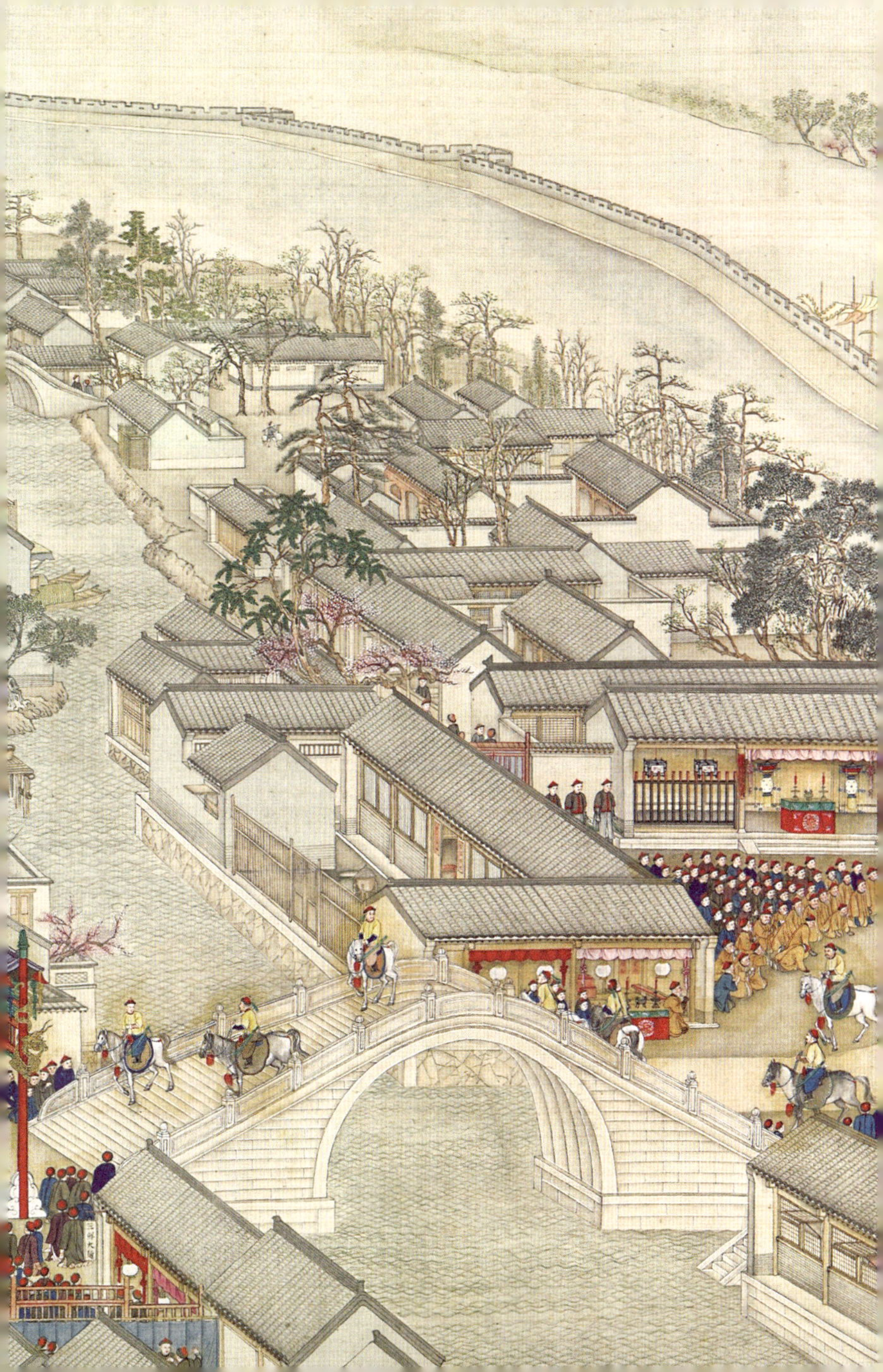

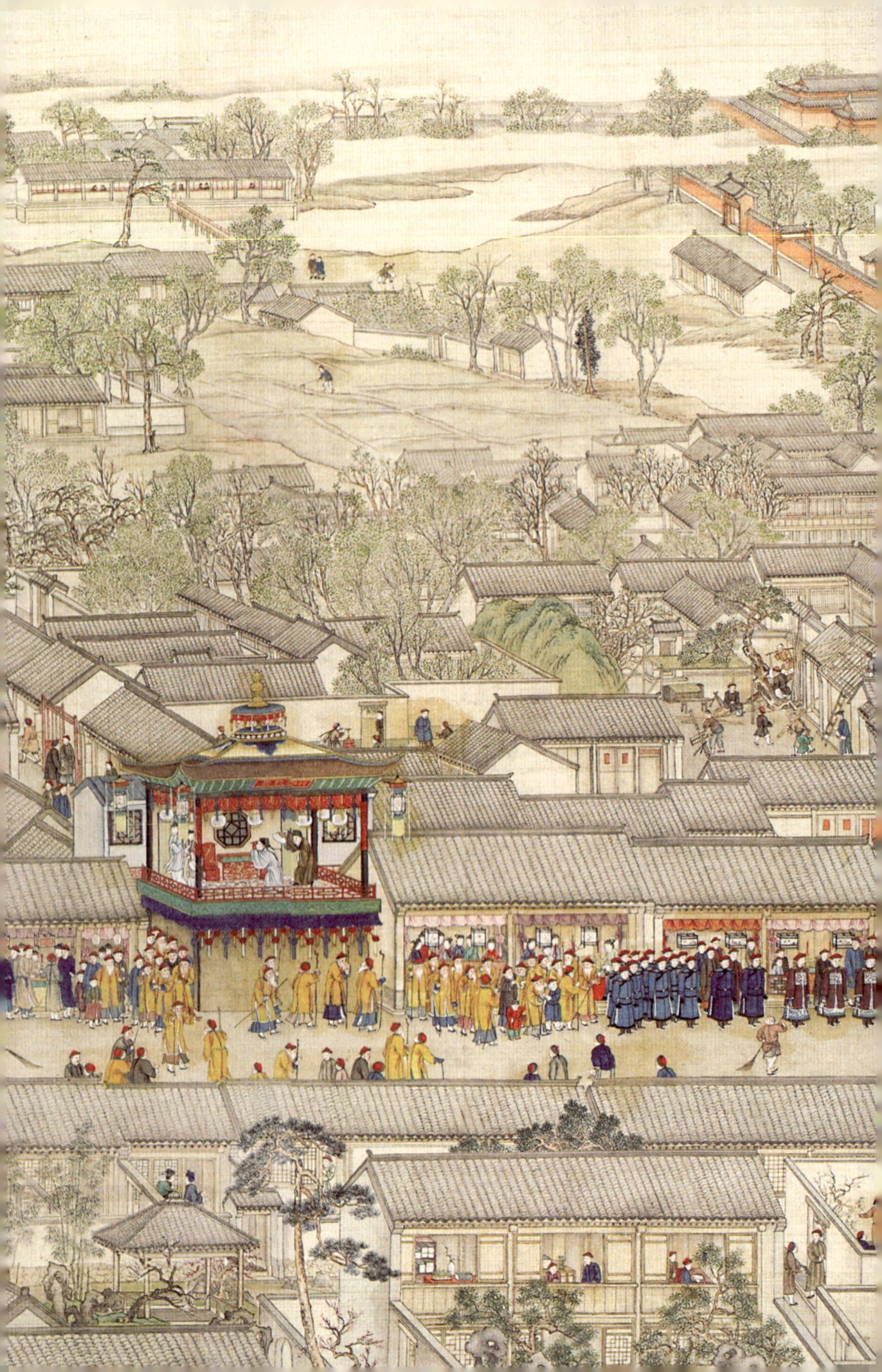

且由他们闹去

光绪二十一年（1895年）八月，在北京出现了一份名为《万国公报》的刊物。这刊物是双日刊，虽然名字和英美传教士在上海所办的刊物一样，但内容却大不相同。这份新的《万国公报》每册登载一篇论文，有时遇到长篇论文还会分期连载，内容大多是鼓吹变法，向西方学习。到了12月，这份刊物改了名字，叫作《中外纪闻》。改版后的刊物，内容丰富了许多，比原来要多出一倍，不仅选登邸报，刊登外文报纸和外文电讯的中译文，还介绍一些西方资本主义国家的政治经济社会情况，以及先进的科学技术等。这份杂志的出版，引起了极大的争论：守旧派官僚对其大加批判，但相当一部分具有维新思想倾向的士大夫却对此相当欢迎。这份刊物的出版者，正是康有为。

"公车上书"事件以后，康有为的名声迅速在北京一带传播开来。另外一个好消息不久又传来，在刚刚结束的会试中，他被点为进士，并受工部主事之职。此时的康有为已经并不在意这样的职位了，随着名声的高涨，他已经把目光投向了更高的地方。

光绪二十一年（1895年），康有为在北京率先兴办了《万国公报》，刊物之所以取这个名字是因为可以借助原有刊物之力，便于推广。正如康有为所料，这份刊物有力地推行了维新变法思想，给予当时北京思想界以强烈的震动。据康有为的回忆："报开两月，议论渐明。初则骇之，继而渐知新法之益，吾复挟书游说，日出与士大夫讲辩，并告以开会之故，明者日众。"

不久，随着赞成维新变法思想者人数日趋增多，康有为认为"思开风气，开知识，非合大群不可"，"合群非开会不可"。于是，11月中旬，在康有为的组织下，又成立了强学会。强学会的人员主要由两部分组成，除了康有为、梁启超等持维新变法思想的知识分子以外，还包括文廷式、杨锐、沈曾植等"帝党"成员，李鸿藻、翁同龢等"帝党"元老虽未直接入会，但也在暗中给予了支持。伴随着强学会的成立，《万国公报》也改名为《中外纪闻》，其影响力较以前更为强大。这让朝中的保守派人士大为恐慌，更加猛烈地攻击强学会及康有为等人。

由于保守派人士的攻击和诋毁日益激烈，强学会众人开始担心康有为的人身安全，与此同时，康有为也认为应该南下，在江南地区宣传和推广维新变法思想。于是，康有为南下南京，拜访当时被认为具有维新思想的两江总督张之洞。出乎康有为意料的是，张之洞爽快地同意了他在上海成立强学会的请求，甚至还赞助1500两白银作为活动经费，并且要求列名其中。受到这样的鼓舞，12月下旬，上海强学会顺利成立，发起者有康有为、梁鼎芬、黄遵宪、汪康年、张謇等人，并随即开始出版《强学报》，宣传维新变法思想。

此时的康有为显得比以前更为高调，《强学报》在其影响之下也表现出更为浓厚的政治色彩。它明确地倡导变法维新，并提出了具体的政治主张。

光绪二十二年（1896年）初，御史杨崇伊上书弹劾北京强学会，他攻击强学会"专门贩卖西学书籍"，"植党营私"，"将开处士横议之风"，请求清政府立即查禁。这一奏折得到了慈禧太后的支持。于是，北京强学会被迫关闭，受此牵连，《中外纪闻》也被迫停刊了。这一消息传到上海，张之洞也趁势关闭了上海强学会，《强学报》便也夭折了。康有为的变法维新活动一时陷入了低潮。

正所谓树欲静而风不止。甲午战争以后，正在步入帝国主义阶段的列强看到日本这个后起之秀都能够在对清帝国的争夺中获利甚丰，于是纷纷扑向远东，对清帝国展开了疯狂的侵略。

光绪二十三年（1897年），两名德国传教士在山东曹州被杀，德国趁机占据胶州湾地区。次年，沙俄以帮助清廷抵抗德国为名，将军舰驶入旅顺港，进而侵占辽东半岛，将东三省划为势力范围。稍后，英国也以同样的理由和方式，侵占威海卫和香港新界地区，并将长江地区划为势力范围；法国则占领广州湾作为租界，并将两广划为势力范围。一时间，整个清帝国面临着西方列强的蚕食鲸吞，顿成分崩离析之势，亡国危机就在眼前。

这时候，康有为等人再也坐不住了。光绪二十三年，康有为赶到北京，接连两次给光绪皇帝上书，痛陈了清帝国目前面临的危机局势，要求立刻变法。为了准备维新变法，康有为与梁启超在北京成立了保国会。保国会制定了三十条《保国会章程》，宣称"保国家之政权、土地"，"保人民种类之自立"，"保圣教之不失"，并要求在各省府县建立分会。在当时救亡图存的大环境下，保国会的主张得到了大多数人的热烈响应。很快,保滇会、保浙会、保川会相继成立。保国会的成立,同样遭到了保守派官僚的猛烈攻击。他们纷纷上奏,攻击保国会"保中国不保大清","名为保国,势必乱国",要求查禁保国会。然而这时候的光绪皇帝已经坐不住了,他直截了当地驳斥了这些保守派官僚:"会能保国,岂不大善?"

此时的慈禧对维新变法的事情并非一无所知,康有为第五次和第六次的上书她都通过光绪帝之手看过了。作为一个经验丰富的统治者,慈禧非常清楚清帝国当前所面临的危机,因此实际上她并不反对康有为的维新变法理论,甚至对某些措施还颇为赞成。然而,她始终认为,改革需要在不危及清廷统治基础和可控制的范围内逐渐进行。这种思想一方面促成了她对光绪变法改革的默认,一方面又为后来变法的悲剧性失败埋下了伏笔。因此当光绪皇帝向慈禧要求改革时,慈禧并没有表示反对,而是放手让光绪去做,自己则移居颐和园修养。

光绪二十四年(1898年)六月八日,康有为拟定《请明定国是疏》,由大学士徐致靖代为上奏,请求光绪帝正式开始变法。3天之后,光绪帝颁布了《明定国是诏》,变法运动开始。

光绪帝的努力

光绪二十四年（1898年）六月十六，天色尚未完全放亮，康有为就匆匆起身赶奔紫禁城内的朝房，他是奉光绪皇帝的谕旨，前去觐见当今圣上的。康有为的心中，激动和感慨的心情交织翻滚在一起。30多年的光阴总算没有白费，今日终于可以一展宏图，大显身手。

康有为并不是第一次进入紫禁城，三年前参加殿试时也曾来过，不过军机处倒是第一次来。在侍卫的带领下，康有为略有些好奇地进入军机处，侍卫打了个千，躬身退出去了。康有为从外面进来，只觉军机处内逼仄昏暗，尚自点着一盏灯，居然有些看不清楚。康有为揉揉眼睛，赫然发现在墙角的灯影里还坐着一个人。这人原本正在闭目养神，听到康有为进来的动静便睁开眼睛打量来人。康有为定睛一看，不禁脸色微微一变，原来此人正是新任直隶总督荣禄。

对康有为来说，荣禄并不陌生。1898年的正月，朝廷重臣们曾经安排接见过一次康有为。那时候，康有为侃侃而谈，将自己变法维新的理论讲得头头是道，可是这些大人们似乎并不买账，特别是荣禄，屡次搬出祖宗之法来压制康有为，让康有为大为恼火，几乎和荣禄争吵起来。后来他从帝师翁同龢那里得知，荣禄是慈禧太后面前的宠臣，又手握重兵，朝中大大小小的官员，都要让着他。从那时候起，康有为就暗暗地将荣禄视为维新变法道路上最大的障碍。

可是如今再次相见，倘若不打招呼，反而失了体面。康有为正在盘算，不料荣禄一见是康有为，居然主动站起来拱手为礼，邀请康有为坐下。康有为见此，也只好拱拱手坐了下来，然而却是脸冲外面，把半个身子侧对着荣禄。

荣禄见此情景，脸色不由地一暗，旋即又恢复了轻松，笑容可掬地对康有为说道："当今圣上下诏变法维新，真是可喜可贺。长素老弟，我们不是第一次见面了，荣某斗胆请问一句，以长素老弟经天纬地之才，对于当今时局，可有良策啊？"

康有为闻听此言并未回头，硬邦邦地回答道："当今局势，唯有变法。非变法不能救中国也！"

荣禄又道："变法固然很好，可是，祖宗之法，迄今已经二百年有余，一时之间，恐怕急切不能变通，反而伤及国本呀。"

康有为沉默了一下，并未立即回答。而荣禄也没有再说什么。气氛一时竟有些凝重。这时，只听得军机处外面侍卫的声音："康老爷，圣上已经在养心殿东暖阁了，宣您进去回话。"康有为腾地一下站起来，几步走到门前，正要挑起竹门帘出门，却又想起什么似的停住脚步，头也不回地说道："倘若新法不行，那便杀几个一二品的红顶子大员，则新法行矣！"说完，一躬身出门去了。

以颁布《明定国是诏》为契机，光绪终于享受到了君临天下的快感。他几乎每天都要发布两三件诏书，其变法涉及政治、经济、军事、文化教育等诸多方面。

政治方面的改革诏令共有90多件，其中包括精简机构，裁减冗官冗职，例如通政司、光禄司、太仆寺、大理寺等已经明显过时的机构应立即撤除，而设置京卿学士一职，以集思广益。此外，大力倡导和鼓励"官民论政"，准许地方官与士民上书，并开放新闻自由，创立京师报馆，将上海《时务报》改为官方报纸等。

经济方面的改革诏令共有70多件，其中包括制定以工商立国的国策，并且鼓励民间兴办实业；大力发展铁路和矿业，在中央设立铁路矿务总局，并在各省设分局，特别鼓励私人开办工矿企业；在各省设商务局、商会，保护商人的合法权益，开放更多的口岸作为商埠；农业方面，要引入西方先进技术开垦土地，并广泛开设农会，编译外国农业书籍，刊印农报，购买农具；此外，还要放开不准八旗子弟经商的禁令，废除其优待，允许其学习士农工商各种行业的知识，并自谋生路。

文化教育方面的改革诏令则有80多件，明确要求废除科举考试制度，改考历史、政治、时务及四书五经等科目，还会定期加考经济特科；在京师开办京师大学堂，在省会城市开办高等学堂，道台驻地设中等学堂，州城府县设立初等学堂，将所有书院、祠庙、义学、社学一律改为新式学堂，兼学中西学问，并且鼓励私人开办学堂，此外还要设立翻译、农务、医学、商学、矿、路、茶务、蚕桑等专科速成学堂；挑选优秀学生到日本留学，同时派皇族宗室出国游历；还要设立译书局，对著书及有发明创造者给予奖励，保举录用具有格致之学的人才。

在军事方面，则要全面废除旧的军事训练方法，改用西洋先进军事训练，遣散老弱残兵，削减军饷，实行精兵简政，还要大力推行团练，鼓励民兵；在武备教育方面筹办武备大学堂，并停止考核弓刀矢马步箭，改考枪炮技能，并鼓励兴办军事工业。

为了切实执行变法的各项规章制度，光绪帝还重用了一批具有维新思想的官员。除了之前他就有所了解的杨锐、刘光第、林旭等人外，在大学士徐致靖的推荐下，湖北巡抚谭继洵的儿子谭嗣同也被召入宫中，光绪帝将他们四人提拔为军机处章京行走，并令这4人全面负责新政之事。

康有为只获得总理各国事务衙门章京上行走的官职。这一职务并不能让他直接参与到政策的制定和实施中。康有为虽然有些失望，但这并没有打消他实行变法的念头。在变法维新运动期间，他一再给光绪上奏折，陈述各种意见，提供各种建议。然而出乎他意料的是，自从那一次接见以后，光绪再也没有接见过康有为。不仅如此，就连后来的谭嗣同等人也极少见到光绪皇帝。一切事务来往，都依赖上谕和奏折。

7月，变法似乎陷入了瓶颈，光绪帝推行的所有新政几乎都没有得到贯彻落实。

空欢喜一场

光绪二十四年（1898年）兴起的这场变法维新运动，到8月间已经呈现出举步维艰的状况。由于光绪皇帝的缺乏经验，又兼之没有得力的左膀右臂，几乎所有的改革措施都无法顺利施行，即使是各地方面大员，也以各种理由推三阻四，不愿奉旨行事。

此时的光绪皇帝如笼中的猛虎一样心绪不宁，他认识不到自己的施政手段和能力离熟练掌握这个庞大的帝国还有一定的距离，而是将一切都怪罪在大臣头上。他的脾气变得越来越坏，甚至让太监宫女都感到战战兢兢。与此同时，在京城西郊的颐和园里，慈禧却在过着悠闲的日子，即使有对新政心怀不满的大臣来向她诉苦，她也淡淡一笑不予回应。虽然如此，但慈禧却并不像表面上看起来那么安生。作为掌握大清朝最高权力的女人，她非常明白推行新政的难度有多大，以她对光绪的了解，自然知道光绪仅靠一个人的力量根本无法完成这项运动。

唯一的变数，在于康有为。慈禧虽然看过康有为的文章，但却并没见过这个人。她在思考这个看起来有些离经叛道的书生是否真的有本事使已经死气沉沉的大清帝国扭转乾坤，重获新生。当她发现自己的情报并不足以做出这一判断时，她召见了李鸿章，希望从他那里得到一些消息。然而李鸿章却给出了否定的答案。

李鸿章认为，康有为、梁启超等人都是典型的书生意气，他们虽有满腔热血，却只懂得空谈救国，不懂得中国的官场之道，没有任何政治谋略和经验，更缺乏起码的政治手腕和妥协精神。

慈禧正是想要这样的答案。因为按照慈禧的想法，如果光绪体会到了治国之艰难，他最终会求助于自己，如果这样的话，她的自尊心得到了满足，又能够重新掌控权力。

然而，李鸿章的话只说了一半，而慈禧也不能完全理解这些书生意气可能带来的后果。李鸿章在不看好康有为的同时，同样不看好光绪帝。因为光绪帝也不过是书生意气，而他既然贵为一国天子，缺点就会被无限地放大。光绪帝自小很少受到慈禧疼爱，又因为选后的事情对慈禧颇有龃龉，想让光绪向慈禧低头服软实在是千难万难。

事情果然不出李鸿章的预料。很快，光绪皇帝和朝中大臣之间的矛盾就激化了。

9月初，礼部主事王照上疏一封，要求皇帝与皇太后出洋游历东西洋各国。由于清廷旧制，礼部主事不能够直接上奏，王照便将奏疏交给礼部两位尚书，拜托他们代为呈上。此时礼部的两位尚书分别是满尚书怀塔布、汉尚书许应骙，他们并不十分支持变法维新。如今又见到王照这封颇有异想天开的奏疏，自然懒得搭理。谁料王照是个暴脾气，见两位尚书如此轻慢自己，便忍不住大吵起来。一时闹得不可开交，居然惊动了光绪帝。

光绪皇帝这段时间以来正为新政不能顺利推行的事大为光火，正欲找个借口狠狠整治一下这些和自己为难的大臣。听说此事后，他便将王照、怀塔布、许应骙三人召进宫中，厉声责问他们为何不遵守新政规定，如今新政推行，庶民都能上书言事，为何一个礼部主事、堂堂的六品官却做不到？越说越激动的光绪帝干脆将礼部两位尚书、四位侍郎的职务一并革去，让少詹事王锡蕃、翰林院侍读学士徐致靖暂时代理左右侍郎执行工作。

朝中的大臣见皇上动了真怒，自然不敢多说什么。可是光绪太小看朝中的大臣了。这些臣子大多是宗室子弟、皇亲国戚。怀塔布的妻子就是慈禧太后眼前的红人，经常进颐和园陪慈禧聊天解闷儿。被革职在家的怀塔布自然是气闷不已，便授意其妻到慈禧面前告状。怀妻便趁着入宫的时候向慈禧痛哭流涕，将事情经过讲了一遍，并且添油加醋地说光绪变法新政，打算重用汉族人，把满族人都赶尽杀绝。慈禧一听这话，心里暗暗责怪光绪胡闹得太过分了。压不住火的慈禧罕见地把光绪叫到颐和园，狠狠地训斥了一番。

然而，此时的光绪已经不同往日了，初尝权力滋味的他已经不愿意再忍受慈禧的指责。他并没有冷静下来仔细思考在处理王照事件中自己是否有不当之处，反而暗暗抱怨慈禧横加阻拦、混淆是非。最终，光绪帝很容易地就将矛头指向了慈禧。他坚定地认为，正是慈禧的专权，才让新政处处碰壁，因此必须除掉慈禧，才能够把所有的守旧派大臣镇住，新政才能够成功。

越想越觉得有理的光绪当即写了两封手谕，分别给军机四章京和康有为，向他们抱怨了新政推行之难，并说明自己在慈禧的控制下甚为不自由，要求他们几人速想办法云云。这几人接到了谕旨，细读之下，自然明白了光绪帝字里行间的意思。可叹这些维新志士，热血有余，理智不足，看到皇帝的抱怨，便四处想办法"营救"光绪帝。

几个人在一起合计一夜，商量出一个计策：首先，想办法调集兵力，伺机控制颐和园，并软禁慈禧；接下来，借助洋人的力量推行新政。由于当时日本前首相伊藤博文正在华访问，可请伊藤博文、李提摩太等人参与政务，管理军事、财税、外交等事项，最终形成"中美英日合邦"的局面。这样则新政能行，而守旧派大臣自然也不敢多言。

计策已定，可还有一件事情需要落实：究竟谁家的兵马可以调动呢？这时候，谭嗣同想到了直隶按察使袁世凯。袁世凯原来参加过强学会，是个维新人士，如今统率新建陆军，在天津小站练兵。此人正是最佳人选。

很快，光绪皇帝一封急电就将袁世凯从天津小站召到了北京。短短一周时间之内，光绪帝接连三天接见了袁世凯，并加封其为兵部左侍郎。正当袁世凯惊疑不定，不知为何圣眷优隆的时候，9月19日夜，谭嗣同深夜来到袁世凯下榻的法源寺，将围园杀后的计划原原本本地告诉了他。面对谭嗣同的谆谆教导，袁世凯答应得非常爽快，他一口答应调动新建陆军进京实行计划，并拍着胸脯保证道："杀荣禄，如杀一狗耳！"

然而，维新派的苦心终究化为了泡影。一方面，慈禧太后早就通过各种渠道知道了维新派意欲与洋人联手，将主权拱手付与洋人的计划。她顿时明白光绪不可能向自己低头服软。为了不让权力旁落他人之手尤其是洋人之手，她必须重新执掌朝政，于是在谭嗣同夜见袁世凯的同一天清晨，慈禧忽然从颐和园返回紫禁城，直奔养心殿，控制了政局。而另一方面，袁世凯的慷慨激昂只是做戏给谭嗣同看，他对双方的实力对比看得很清楚，自然不会盲目地自取灭亡。第二天早上他一回到天津，就立刻向荣禄通报了事情的来龙去脉。大惊失色的荣禄立刻带兵返回北京，并向已经控制住局势的慈禧禀报了此事。于是，维新派的全部计划，就赤裸裸地呈现在慈禧的面前。

慈禧知道全部计划后，又痛又悔。勃然大怒的慈禧再也不听光绪的解释，发下懿旨，以光绪生病，不能临朝视事为由，重新训政，将光绪帝软禁于瀛台，并下诏抓捕康有为梁启超等人。没过几日，徐致靖、军机四章京，以及御史杨深秀、康有为之弟康广仁悉数被捕，而康有为与梁启超事先知晓，已经离开了北京，从此流亡天涯。这场持续一百余天，史称"百日维新"的运动就这样宣告失败。

7天后，慈禧下令将谭嗣同、林旭、杨深秀、刘光第、杨锐、康广仁等维新派人士处死，这些人就是历史上的"戊戌六君子"，也是为维新变法流血的第一批人。大学士徐致靖原本在处死之列，由于李鸿章的暗中营救而幸免于难。

第四章
大清帝国最后的岁月

在慈禧的操纵下，戊戌变法的失败为大清帝国断送了最后一线生机。随之而来的，是国内愈演愈烈的反叛，是西方列强变本加厉的窃掠。任凭晚清政府如何垂死挣扎，也终难逃革命风暴的来临。

扶清灭洋，来自民间的反抗

光绪二十六年（1900年）春夏之交，北京城的居民惊讶地发现，城里忽然多了不少头裹红黄两色头巾，腰缠红黄两色板带，打着绑腿，身背大刀，手持长矛的男性农民，这些人自称为"义和拳"。

义和拳最初产生于鲁西南地区。这一地区位于山东、河南、江苏的交界地带，丘陵起伏，自古以来就是盗匪多发的不平之地。由于黄河古道经过其上，每次黄河决口改道，都会给当地人民带来严重的灾害。清末以来，太平天国的北伐和捻军的叛乱都严重地影响了这里。甲午战争时，此地的清军被调走参加战争，当地的治安情况更加恶化。在这种情况下，曾经在民间秘密流传的大刀会逐渐兴起了。

光绪二十一年（1895年），大刀会兴起于鲁西南的曹县、单县等地。最初它只是为了保卫家园和财产不受土匪的侵扰，而由当地村民自发组织形成的武装团体，参加者都是当地的富裕人家。

而与此差不多同时，在鲁西北地区出现了迷信色彩更为浓厚的

"神拳"组织。与大刀会不同，神拳的参加者大多是贫苦农民。

无论是大刀会还是神拳，一开始都没有受到官府的压制，因而得以迅速地发展。然而，随着这些组织的扩张，它们不可避免地与当时同样迅速发展的天主教会组织发生了矛盾，于是暴力和冲突就不可避免了。

大刀会和神拳都宣称维护正统的社会伦理道德观念，自然会和教会的势力发生冲突。光绪二十五年（1896年），由于土地划界冲突问题，大刀会和教民之间发生了一系列的争斗。在争斗的过程中，大刀会将矛头指向了外国传教士。第二年年底，在曹州府巨野县发生了著名的曹州教案，两名德国传教士被不明身份的人杀害，据说凶手是大刀会的人。由此，官府开始打击大刀会。然而老百姓出于对官府的不信任，以及对官府和洋人勾结的痛恨，反而更加支持大刀会的行为。

神拳组织在对待教会势力的态度上，并不与大刀会相差多少。比较著名的就是冠县阎书勤和赵三多领导的"拳民"组织。光绪二十六年（1899年），冠县梨园屯的玉皇庙被教民占据，改建为教堂，这激起了当地居民的强烈反对。阎书勤和赵三多带领拳民示威并包围了正在修建的教堂，终于迫使教会放弃了这一行为。与大刀会受到的待遇一样，神拳也遭到了官府的镇压。

尽管自从曹州教案以来，官府严厉禁止此类反洋教斗争，但事与愿违，山东各处反对洋教的暴动和武装冲突越来越多，并且发展成为与清政府的战斗。例如著名的朱红灯和本明和尚率领拳民，攻进平原县，并爆发了著名的森罗殿之战。在战斗中，大刀会和神拳逐渐被百姓混为一谈，而这两个组织之间确实也发生了相互融合的迹象，他们将名字改为了"义和拳"，并且打出了"扶（助）清灭洋"的口号。

这时候，山东巡抚张汝梅已经由于镇压不力而被撤换，新上任的山东巡抚毓贤是一个具有强烈排外情绪的守旧派官僚，因而对义和拳的态度要温和得多。他虽然最初也进行了几次对义和拳的镇压，但发现无济于事以后，便采取怀柔政策，除了对义和拳首领严惩不贷以外，对其他普通拳民则收编为民团，企图为我所用。于是，"义和拳"又逐步改名为"义和团"。彼时适逢山东地区遭受旱灾，大量的贫农参加了义和团。结果在毓贤的纵容下，山东地区的义和团运动呈现飞速发展之势，并且朝着直隶蔓延开来。

义和团运动的蓬勃兴起让西方列强甚为紧张。在洋人的压力之下，毓贤调任山西巡抚，由袁世凯接任山东巡抚。袁世凯坚决反对义和团运动，在他的镇压之下，山东地区逐渐失控的局势有所缓和，义和团不得不向直隶地区移动。而直隶总督裕禄则和毓贤一样，对义和团的态度甚为暧昧。于是从光绪二十八年（1902年）下半年开始，义和团运动扩展到了直隶，并逐渐进入了北京。大清帝国最后的闹剧要开幕了。

借力打力

北京城外闹义和团的时候，慈禧正在为如何除去光绪帝发愁。

自从百日维新失败以后，光绪就被软禁在中南海的瀛台上，这是一个三面环水的岛。到隆冬时分，南海子结冰，不能自由活动的光绪只能带着太监踏冰而行，然而，就这点儿自由也被慈禧无情地剥夺了。慈禧为了防止光绪帝出门，特意叫人将冰块凿碎。苦闷的光绪帝只能以读书打发时间。

光绪对慈禧的抵制和不合作让慈禧颇为不满，因此她动了废帝的念头。由于光绪已经成年，不便控制，慈禧打算故伎重施，再次找一个小孩子作为傀儡。然而，自从戊戌变法以来，西方列强就一直对中国的政局保持着高度的关注。对于列强而言，保持中国政局的稳定，有助于他们更好地从中国攫取权益，而皇帝的更换，无疑会使政局动荡。因此，早在戊戌变法刚刚失败时，英国公使窦纳乐就直截了当地向李鸿章警告，不可对光绪轻举妄动。在这样的压力下，慈禧虽有废黜光绪的想法，但也只能采取比较温和的手段，徐徐图之。于是慈禧决定不直接废黜光绪，而是先行为光绪立嗣，然后再伺机拥立新君即位。慈禧选中的皇储,是端郡王载漪的次子,15岁的溥儁。

载漪是道光帝第五子惇亲王奕誴的次子,后来过继给瑞郡王奕志为子,并继承了郡王的爵位。由于在册封的诏书中出现了笔误,将"瑞"误写作"端",载漪便成了端郡王。他的正福晋是慈禧弟弟桂祥的三女儿。光绪二十六年(1900年)初,年仅15岁的溥儁受诏入宫,被封为大阿哥,实际上就是立其为储。为了给大阿哥继位铺垫,慈禧对外界宣布光绪病得很重。各国公使不相信,要求派法国医生进宫探病,慈禧坚决不允许。在各国公使的极力强求下,她才答应把法国医生召进宫来,去给光绪看病。没想到,这位医生看完病以后对人们说:"皇帝血脉正常,根本没有什么病。"

因此,册封大阿哥的决定遭到了所有外国公使的强烈反对。他们当然知道如此一来,光绪的帝位自然岌岌可危。于是众口一词,全部不承认这位大阿哥的身份,这让慈禧非常不高兴。以这一事件为契机,中外关系重新趋于紧张。

这时候,山东义和团的反洋教斗争已经发展得如火如荼。在大阿哥事件前不久,英国圣公会传教士卜克斯刚刚在山东肥城被朱红灯所杀。在西方列强的压力下,毓贤被免职。然而他进京觐见慈禧太后的时候,却向慈禧太后和王公大臣们详述了义和团的好处,认为可以招安义和团收为己用。也许是他的"妙计"起到了作用,慈禧并没有过多降罪于他,而是把他换到山西当了巡抚。

由于毓贤的"引见",原本将义和团视作叛乱贼寇的清廷拿不定主意了。由于光绪皇帝在百日维新中曾经寻求英美日俄等国的帮助,因此,团结在慈禧周围,反对变法维新的一般守旧派官僚本来就对洋人没什么好脸色,接着又赶上了"大阿哥事件",这些大臣对这些西方国家粗暴干涉我国内政的行为更是十分愤怒。再加上光绪二十三年（1897年）以后列强掀起的瓜分中国的狂潮，清廷内部已经弥漫着一股十分强大的排外氛围了。

在这种情况下，毓贤的建议不啻于是给这些盲目排外的群臣打了一针鸡血。端郡王载漪原本就因为儿子没有当成皇帝而对西方列强耿耿于怀，闻听义和团之事，自然喜出望外。和他一鼻孔出气的还有庄亲王载勋、载漪的弟弟载澜等满族亲贵。这些人极力怂恿慈禧招抚义和团以抵抗洋人。慈禧被这弟兄几个说得连连颔首，于是随即下了一道谕旨，要求各省巡抚停止镇压义和团，并奖励其反对洋教的行为。

直隶总督裕禄忠实地执行了这道谕旨。他不仅向义和团民发放饷银，还邀请义和团首领曹福田到天津开坛聚众。而此时在山东的袁世凯却没有理睬这道谕旨，反而继续着他严厉打击义和团的一贯策略。由于受到袁世凯的打击，山东的义和团纷纷涌入直隶，到1900年四五月间，天津、涿州、保定已经出现了大量的拳坛和拳厂。

受到清政府鼓励的义和团，把反洋教的范围扩大到了反对一切外来事物。他们四处焚烧教堂，抢掠财产，甚至肆意杀人。

杀红了眼的义和团让清政府也看不下去了。五月份，驻扎在涞水县的清军同义和团发生了几次冲突，但是清军均不是义和团的对手。得胜的义和团从此气焰更为嚣张，他们占领了涿州，控制了从卢沟桥到保定的铁路，扒铁轨，烧车站，毁桥梁，弄断电话线。到六月，裕禄不得不请求清廷派兵严厉镇压义和团，清廷只好调来坚决反对义和团的聂士成之武卫军来控制局势。

这个时候的慈禧再也无法稳坐江山。虽然清廷仍然对外做出了镇压义和团的姿态，但私底下却派出了军机大臣、协办大学士刚毅和顺天府尹赵舒翘到涿州考察义和团是否能够为我所用。赵舒翘得出的结论是"拳匪不可恃"。刚毅则不这么看，他平素就和端郡王、庄王等人关系甚好，自然认为义和团"拳民忠贞，神术可用"。赵舒翘无奈，只好和刚毅向慈禧太后汇报说义和团可以因势利导，"抚而用之，统以得帅，编入行伍"。

就在清廷得出义和团可用这一结论的同时，驻京各国公使开始担心日益混乱的局势有可能对北京的使馆造成威胁。英国全权公使窦纳乐作为代表，要求外国军队进行支援。5月31日，337名外国水手与陆战队员从停泊在大沽附近的10余艘军舰上登陆，并于当晚抵京保卫使馆区。稍后，又有89名德国与奥匈帝国的陆战队员抵京。"洋鬼子"调集军队进京的消息让清廷大为不满，也激起了义和团更大的怒火。

清廷和义和团终于取得了一致。6月9日，慈禧从颐和园返回紫禁城，开始研究如何指挥义和团之事，并调董福祥的甘军进入北京城，驻扎在永定门内。董福祥和聂士成不一样，他是义和团运动的同情者，因此，他的甘军中不少人是义和团成员，甚至他自己也同义和团首领之一的李来中结拜为兄弟。第二天，端郡王载漪被任命为总理衙门大臣，义和团终于大规模地进入了北京城。

6月13日，义和团进入北京内城，当天烧毁了11所教堂，数以千计的教徒逃入西什库教堂和东交民巷使馆区。不久，义和团烧毁了前门的老德记西药房，附近数千家商铺也化为废墟，甚至前门城楼也被烧毁。此外义和团大开杀戒，将教民全部拉到庄王府前的大院集体屠杀，死者中不乏妇女和儿童。受此影响，禁军、甘军也开始烧杀抢掠，以至于彼此互相残杀。北京城中人人自危，甚至权贵人家也不能幸免，不少支持义和团的大臣趁机公报私仇，肆行劫掠。北京城几乎失去了控制。

大事不妙,赶快求和

当义和团把北京城搅得翻天覆地的时候,各国公使并没有闲着。他们对清廷内部的排外气氛并不是没有察觉,对清廷和义和团的利益关系也清楚得很。因此,虽然一方面通过外交手段不断敦促清廷镇压义和团,另一方面也打算调兵进入北京自行保护使馆。

事情果不出洋人的意料,虽然总理各国事务衙门答应了各国的增兵要求,但人数限制在每国30人。这些公使自然是不管这个限制的,而是各调了300余人进京。随即,清廷与义和团站在了一方,义和团冲进了北京城,见洋人就杀,所有的洋人都被堵到了西什库教堂和东交民巷。

由于义和团把所有的电线都剪断了,驻天津的各国领事已经无法和北京的使馆取得联系,虽然义和团进城围困使馆和教堂的消息他们尚未得知,但凭着几个月来对时势的观察,他们也明白大事不好了。于是在各国领事的协调之下,俄、英、美、日、德、法、意、奥八国迅速组织了2066名联军,由英国海军司令西摩尔率领,乘坐火车增援北京。

但是联军没有想到的是,这时候清军已经被命令配合义和团的行动了。因此当八国联军一出天津,行至廊坊一带时就遭到了清军和义和团的联合阻击。由于铁路早已被义和团破坏,联军狼狈不堪,只能下车应战,可是这毕竟是一只临时拼凑的部队,而西摩尔又是海军将领,对于陆战是个外行,因此并不是清军和义和团的对手,联军且打且退,从廊坊退回杨村,险些被清军和义和团围困在此。联军伤亡惨重,只好退回大沽口。这一次援救计划宣告失败了。

义和团在这一次战斗中也损失惨重。因为配合他们作战的清军乃是聂士成的武卫军。聂士成本是极度反对义和团的,一向主张严厉镇压,他曾经在给荣禄的信中写道:"拳匪害民,必贻祸国家。某为直隶提督,境内有匪,不能剿,如职任何?若以剿匪受大戮,必不敢辞。"话虽如此,但在这样的大环境中,却也无可奈何。不过,聂士成还是耍了诡计,他的武卫军是清军的精锐部队,装备有重机枪。在与联军的战斗中,聂士成命令义和团为先锋,义和团并不以为意,一口答应。谁知道在联军的机枪扫射下,毫无战术纪律,只知道往前冲的义和团死伤惨重。幸存者见状,又调头往回跑,结果聂士成早已架好的机枪又将义和团的人射杀。这一役,义和团伤亡殆尽。

尽管出现了这样并不愉快的小插曲,但清政府和义和团都将这次胜利看作一场抗击外敌的重大胜利,史称"廊坊大捷"。这一仗打下来,清廷和义和团更加有理由坚信,洋人并非不可战胜的。于是一边命令聂士成再接再厉,攻打天津紫竹林租界,一边开始围攻北京的西什库教堂和东交民巷使馆区。

北京此时的情况已经乱成一团。6月15日,端郡王载漪亲率一队义和团进攻西什库教堂。法、意士兵迅速回击。两天以后,清军也参加了进攻。义和团以自制的各种火器发动进攻,挖地道、埋地雷,攻势凶猛,但守军却顽强回击,数次打退义和团与清军的进攻。由于清军和义和团的长期围困,教堂内缺少粮食,半个月后,教堂内的人员开始以马匹和骡子充饥,后来又开始吃树皮和野草。西什库教堂被围困长达两个多月,直到8月八国联军进城,才将西什库教堂中的人员解救出来。

西什库教堂没有打下来,而东交民巷也未有大损失。虽然东交民巷的外国兵力要比西什库教堂多一些,但也只有400余人,而义和团和清军的人数达到了数十万之多。根据记载,在攻打东交民巷之时,使馆区附近的民房顶上,密密麻麻站的都是义和团民,气势惊人。然而,东交民巷仍然顽抗了两个多月,直到八国联军前来增援。

在攻打东交民巷时,端郡王见久攻不下,于是矫诏调来新建陆军中的山炮营助攻,山炮营所使用的"开花大炮"系从德国进口,威力极大,一颗炮弹重几百斤,只要两三炮,使馆就该夷为平地了。可是山炮营领官张怀芝却不敢轻举妄动,找到顶头上司荣禄,讨要一道发炮的命令。

荣禄知道,要是真的下达了开炮的命令,这炮弹要是真的落在了使馆的头上,那后果可就要由自己来承担了;要是表示反对开炮,端郡王那里也不好交代。两难之际只得含混地说了一句:"你打吧,反正让人听到炮声就得了。"

张怀芝聪明过人,闻听此言恍然大悟,当即回到营地,号称

"炮位不准",亲自动手调试,瞄准了东交民巷内一块无主空地,然后火力全开,猛烈攻击。

炮声大作一夜,端郡王那边听得清清楚楚,以为这下可以圆满解决掉东交民巷了。结果整整一个晚上,发炮五六百响,没有一个洋人在炮火中受伤,大使馆的建筑更是纹丝未损。

清军如此三心二意,义和团也没好到哪儿去。虽说他们士气很高,但由于极端排外,坚决不使用任何西洋武器,也没有战术纪律,结果做了洋人的靶子,死伤甚众。面对此种情况,义和团首领们不承认是自己战斗力差的缘故,反而认为是洋人邪术厉害。

如此打了几天,洋人未灭,反而使越来越多的义和团涌入北京城。慈禧一见顿觉不妙,便打算解散义和团,准备停战。但端郡王等人却不肯罢休,为了坚定慈禧继续作战的心志,载漪指使军机章京连文冲伪造了一份西方列强给清政府的外交照会,以强硬的语气提出了四条要求,其中包括让慈禧归还光绪全部权力,并要求将清政府的经济和军事权力交由外国人掌握。

慈禧居然对这份照会深信不疑,于是勃然大怒。6月17日,慈禧决定同洋人开战,将义和团编为民团,称为"义民",由刚毅、载漪、载濂、载澜等人统领。6月21日,清廷以光绪帝的名义,发布了一道谴责洋人和表达抗战决心的诏书,在诏书中宣称对"彼等"开战。

一盘散沙，义和团神话的破灭

光绪二十六年（1900年）六月二十清晨，混乱不堪的北京城内已是一片狼藉。这个时候，义和团几乎已经控制了北京城的绝大多数地方，不过时间还早，烧杀抢掠了一天的义和团员很多还在昏睡之中。街上早就没有行人了，两旁街道上的商铺只剩下经过打砸抢后残破的门窗，还有扯碎的旗幡，在夏日的微风中孤零零地摆动着。只有一队队全副武装的清军还在街上巡逻，搜捕可能出现的洋人。

驻扎在煤渣胡同的神机营霆字队枪八队，从胡同口转出来朝东单牌楼的方向走去，开始例行的每日巡逻。管队章京恩海走在队伍的前面，右手搭在别在腰间的枪把上面，正在漫不经心地左右观瞧，看大街两边的胡同里是不是有形迹可疑、神色仓皇的人。

恩海所属的神机营是清廷禁军的组成部分，由端郡王载漪统率。端王爷平生最痛恨的是洋人，刚刚带上队伍，就召集所有士官训话，给他们讲扶清灭洋的道理，最后告诉他们，见洋人就杀，杀得多了，就有资格得到赏赐和提拔。端郡王还特别指出，重点打击对象是德国公使克林德。

克林德出生在波茨坦，曾经是一名德国军人。1881年，他辞去军职，改做外交官，不久被派往中国。他先在广州和天津当了几年领事，又到美国和墨西哥待了几年，于1899年返回中国，担任德国驻华公使。

德国人素以严谨高傲著称，克林德是军人出身，自然这种习性在他身上又加强了几分。他对清政府相当轻视，对义和团更是深恶痛绝。早在义和团在山东刚刚兴起的时候，克林德就极力要求清政府严厉镇压。义和团进入北京城后，克林德又毫不留情地下令，德国使馆卫队开始所谓的"猎取团民行动"，并要求其他使馆配合行动。他首先逮捕了一名进入使馆区的义和团民，接着又下令使馆卫队用机枪扫射聚集在使馆区外的团民。

然而，奥匈帝国使馆卫队的机枪不知为何，打出几百发子弹，却没有打死人。气急败坏的克林德展开了进一步的行动。6月14日，当义和团再一次经过使馆区时，克林德毫不留情地下令使馆卫队向义和团民开枪，当场打死20人。

克林德的行为无疑激化了义和团与洋人之间的矛盾，以至于义和团将克林德看作元凶首恶。克林德却不以为意，他仍旧坚持对清政府实行高压政策。6月17日，慈禧太后被端郡王载漪的假照会所骗，决心对洋人开战，两天以后便照会所有使馆区人员，要求其在24小时之内撤离北京。各国公使一听自然大为不满：在现在这种混乱情况下，撤离北京不啻为自投罗网。于是各国公使联名向总理衙门写信，述说了如上的理由，要求延缓离京的最后期限，并要求在次日九点之前给予答复。

按理说，回函递出去，等着回复就可以了，可是克林德却非常不满意。各国公使开碰头会的时候，他就一直说对中国太客气了。因此，他建议所有国家公使一起去总理衙门谈判。其他国家的公使并没有接纳克林德的意见。他们大多认为这样只会让局势变得更糟，目前应该表现出低调的姿态来。克林德拒绝接受这个决议，并且决定次日自己单独赴总理衙门谈判。

克林德满心希望能够有公使改变主意，和他一同前往。但他的希望落空了。第二天早上他出门的时候，仍然只有孤零零一个人。于是他只好带了翻译柯达士，怒气冲冲地出门了。

克林德和翻译柯达士被正在巡逻的清军士官恩海等人撞见。双方便开火打了起来，克林德身亡。

克林德的死让清廷和西方列强的关系彻底进入了战争状态。第二天，慈禧就颁发了与全世界为敌的"宣战"诏书，同时命令清军协助义和团攻打使馆。各国驻天津领事纷纷向本国告急，要求调集援军。不久，援军从大沽口源源不断地进入租界。

此时，天津的清军和义和团还在忙着攻打租界，他们虽然人数众多，但却各自为政，缺乏统一的作战规划，甚至连天津到大沽口的道路也没有切断。这自然不是日渐得到兵员补充的联军的对手。到7月上旬，联军在租界的人数已达到1.7万余人，并且有统一的部署和指挥，而清军和义和团则伤亡甚众。7月13日，联军展开反攻，围攻天津城，清军不敌，退往杨村一带，聂士成在战斗中中炮身亡。第二天，联军占领了天津。

经过短暂的休整，人数达到1.8万余人的外国联军于8月初向北京进发了。在路上他们几乎没有遇到什么有效的抵抗，义和团毫无战斗力，清军也一触即溃。

8月11日，联军占领通州，两天以后兵分三路攻打北京城。此时北京城内还有10万余名清军和义和团民，但是已全无战意。第二天，英军首先攻入广渠门，其他国家的军队也相继入城。经过3天的巷战，联军彻底控制了北京城。当时还留在城中的5万名义和团民几乎全军覆没，清军伤亡4000余人，联军方面仅仅死伤400余人。

到此为止，义和团的神话已经被完全戳穿了。慈禧和满朝文武已经束手无策，全然不知该如何是好。慈禧愤怒不已，迁怒于端郡王等人，但终究已经酿成大祸。不得已，她只好再次逃跑。8月16日，就在联军即将攻入皇城的前一刻，慈禧带着光绪和内宫女眷，连同一帮文武大臣，踏上了西去的道路。

八国联军夺北京

光绪二十六年（1900年）九月，慈禧和光绪一行人"西狩"，来到了山西首府太原驻跸万寿宫。适逢中秋佳节，自以为安全的慈禧居然全然不顾家国离乱之惨，悠闲地吃着月饼赏着月，把尚陷于战火中的北京城忘在了脑后。

洋人并不会因为攻陷了北京城就停止进攻，对他们来说，真正的战争方才开始。早在7月份，德国以克林德事件为借口，纠结了7000人的远征军赴华作战。在德皇威廉二世发布的诏令中，大肆宣扬所谓的黄祸论，借历史上匈奴大王阿提拉入侵欧洲的故事，将中国人看作阿提拉的后代。他说道："你们知道，你们面对着一个狡猾的、勇敢的、武备良好的和残忍的敌人。假如你们遇到他，记住：不要同情他，不要接收战俘。你们要勇敢地作战，让中国人在一千年后还不敢窥视德国人。"经过两个多月的旅途，德军于9月到达已经陷落的北京。在威廉二世的坚持下，德军统帅、陆军元帅阿尔弗雷德·冯·瓦德西被任命为联军总司令，负责协调联军行动。

八国联军侵华期间，大肆烧杀抢掠，犯下累累罪行，特别是德

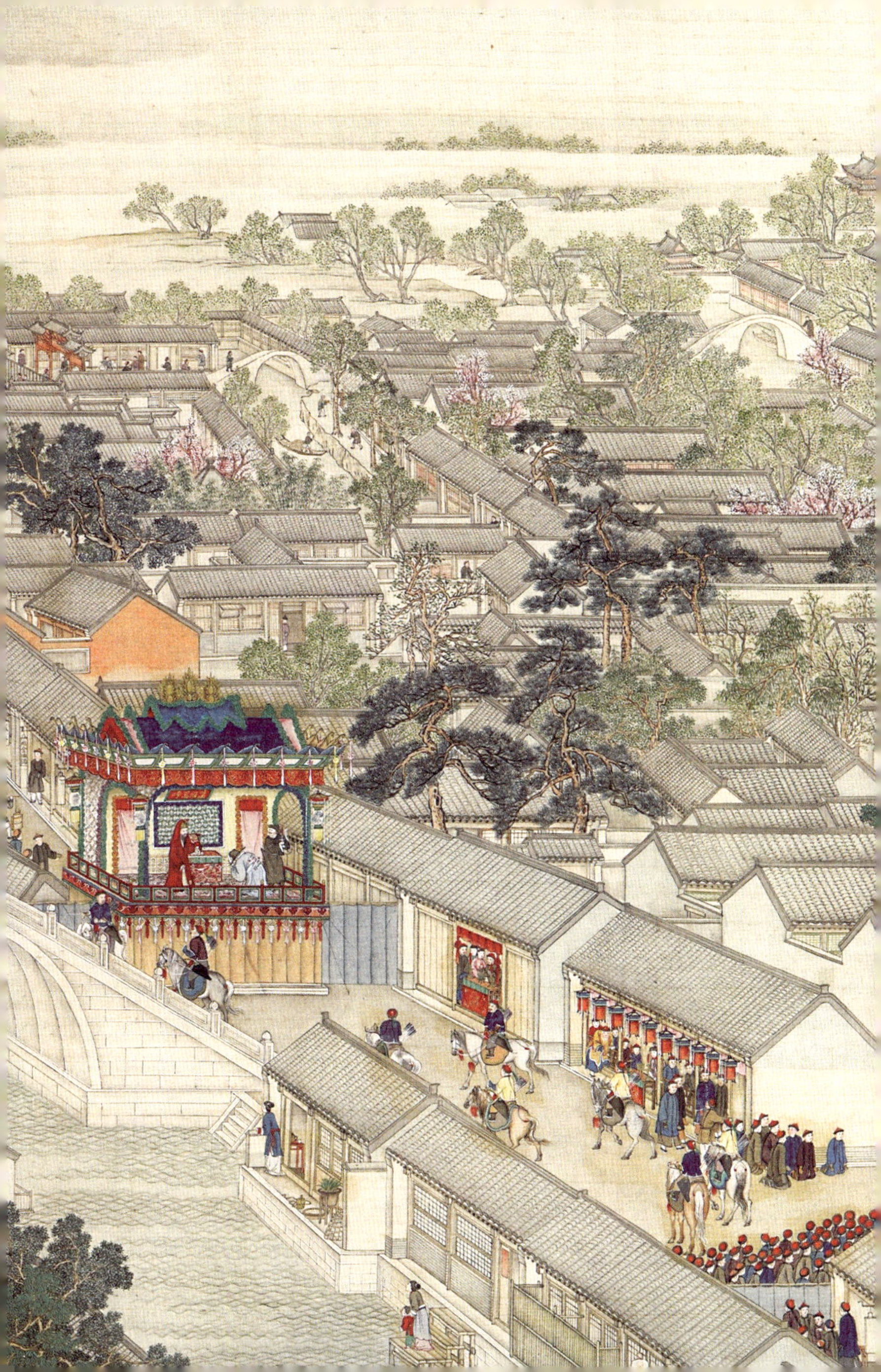

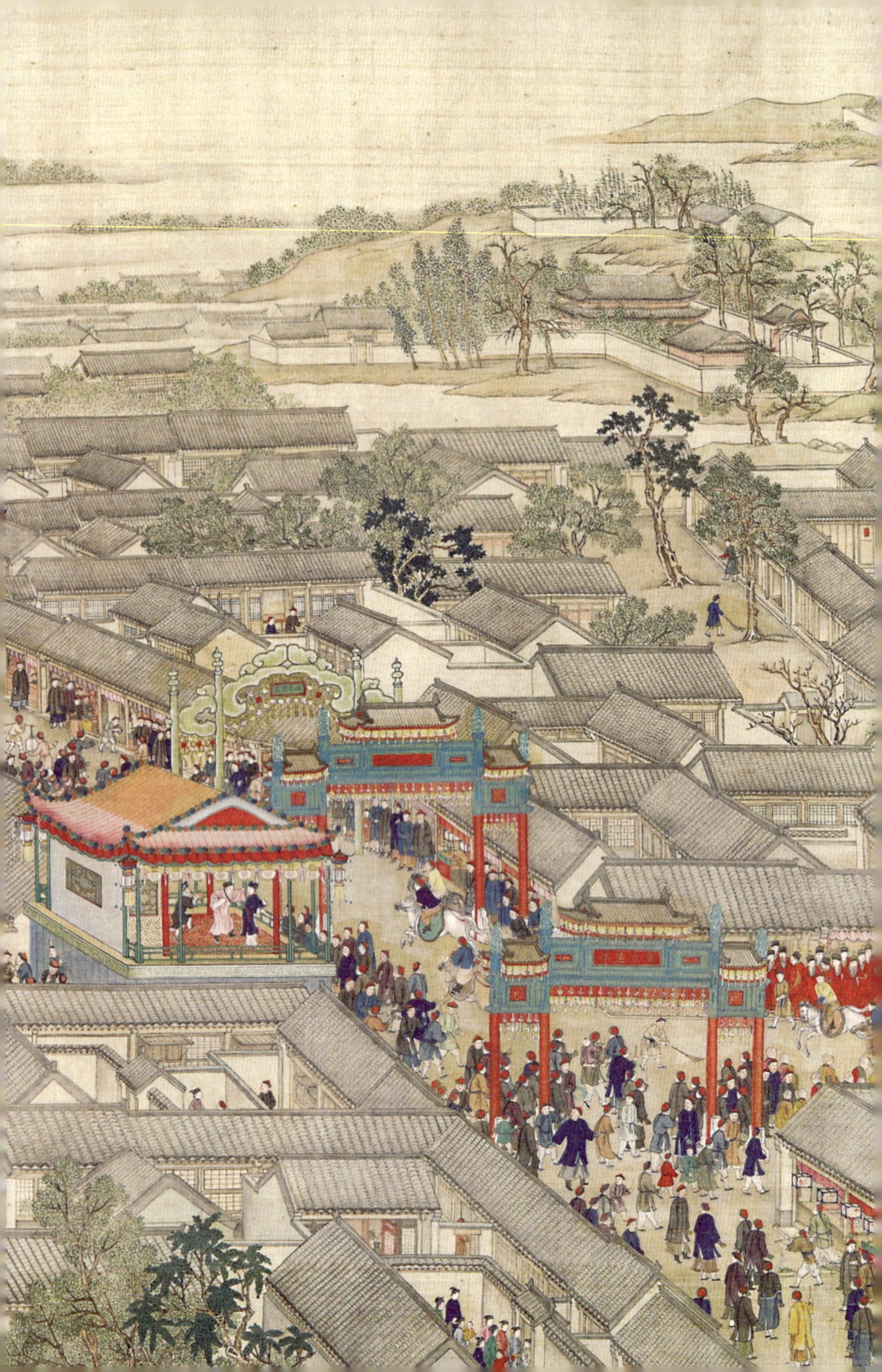

军、俄军、法军，更是如此。

联军穷追猛打，而清军却且战且退。到12月底，清军已经全面退守山西境内，而联军则兵分两路，尾随不舍。到第二年3月，法军已经侵占了山西的门户——娘子关。

俄国人也不甘示弱。趁着清政府忙于同联军作战，无暇他顾，俄国人除了派兵参与联军之外，还单独派兵17万，侵占了库页岛及乌苏里江以东、黑龙江以北的大片领地。

面对着八国联军步步紧逼的形势，慈禧已经毫无抵抗之心，她担心联军会将自己视作义和团运动的罪魁祸首，像直隶官员一样处死。因此她脑海中只剩下了继续跑路的想法。1901年10月，觉得太原已经不再安全的慈禧又将临时行宫迁到了西安。

此时的光绪虽然是跟着慈禧一路向西逃窜，但内心却是愤懑难当，一点儿也不想跑。他之前就不主张招安义和团，而认为应该同洋人和议，但慈禧却无视他的意见，还杀掉了数名主和派的大臣。据清人笔记记载，洋人进城之时，慈禧慌张逃窜，光绪却冷静异常，对慈禧说道："亲爸爸，儿臣以为可以不必逃走。想那洋人本为友邦，对我大清并无恶意，此次出兵，乃是剿灭拳匪，不会对我有碍。儿臣请求亲自去东交民巷，与各国公使面谈，必定安然无恙。"慈禧听了这话，只当光绪胡言乱语，并不理睬。光绪无奈，只好自己回到养心殿，盛装朝服，想要独自去使馆谈判。侍奉太监见光绪如此，大惊失色，连忙报告慈禧。慈禧勃然大怒，亲到养心殿，一把扯去光绪朝服，逼着他换上粗布衣服，不许轻举妄动，随即便拉着他逃出宫去。

光绪并没死心，当慈禧一行人遇到前来护驾的岑春煊时，光绪再次提出了议和的要求。他要求岑春煊护送慈禧"西狩",自己要返回北京,亲自与洋人议和。岑春煊不笨,知道慈禧断然不会让光绪离开她的身边,于是百般推脱,终于未能成行。

到太原之后,光绪第三次提出了返回北京议和的要求,但仍未获批准。当慈禧决定继续西行至西安后,光绪再也忍耐不住了。在潼关,他愤愤不平地公开表态:"朕能走,洋人就不能走吗?这么走下去什么时候是个头啊!就算去了四川,又能怎么样?太后老了,可以去西安躲躲。朕要回北京了,否则战事不了,终究还是要倒霉!"

慈禧和诸大臣面面相觑,无言可对。然而第二天,慈禧仍然带着光绪继续西行。

慈禧深知,和谈并不是不可以,可是要看由谁来谈。早在洋人刚刚入城的时候,没有离开北京的大学士昆冈等人就找到担任海关总税务司的英国人赫德,让他"设法斡旋,以救眉急",赫德建议由庆亲王奕劻出面,与各国"商议和局大事"。昆冈随即将这个建议传给了还在流亡途中的慈禧。慈禧得信后,立刻下令已经到达宣化的奕劻立刻返回北京主持和谈。10月初,奕劻回到北京,在英军和日军的护送下见到了各国公使。根据奕劻给朝廷的奏折,奕劻不可谓不卖力,他"往拜俄、英、美、法、意、比、日本各公使,备述此次拳教相仇,致使各国动兵,并婉谢各国洋兵保护宗社臣民盛意",十足的奴颜婢膝;可是战争进行得意犹未尽的各国公使根本懒得搭理他,纷纷跟他打官腔道:"尚未奉到本国国家训条,无从议办",只是要求清政府赶紧转变对义和团的态度,"自行实力剿办,勿再贻误"。

收到这一消息，慈禧立刻下发谕旨，宣称"此案初起，义和团实为肇祸之由。今欲拔本塞源，非痛加铲除不可。严行查办，务尽根诛"，并且督促奕劻加紧议和，"事宜从速，夜长则梦多，不可一误再误"。

不久，各国公使礼节性地回访了奕劻，对议和之事仍然绝口不提，只是提出几条要求：首先要求慈禧与光绪下罪己诏；其次清除朝廷内部的顽固派势力；再次要求战争赔款，否则八国联军不会撤军；第四，北京的防务暂时由联军管理，清政府无权参与。俄国公使格尔思更要求清军在东北立刻停战，否则俄军将继续作战。奕劻对这些要求哪敢不听，连忙一一照办。尽管如此，各国公使仍然迟迟不与奕劻谈判。奕劻也明白，他虽然位高权重，但以他的资历和地位还不足以让各国公使坐在谈判桌上。因此他再次向清廷上折，要求速调时任两广总督的李鸿章进京主持谈判。在经过几次三番的讨价还价后，9月底，清廷终于发下谕旨，委任李鸿章为全权大臣，"著准其便宜行事，将应办事宜，迅速办理，朕不为遥制"。

在李鸿章的极力斡旋下，1901年，丧权辱国的《辛丑条约》签订了。这一条约的签订标志着中国半殖民地半封建社会的彻底确立，清政府彻底堕落为西方帝国主义的帮凶。

逃时落魄，回时铺张

1900年5月28日晚，东交民巷得知义和团焚烧了丰台火车站与京津铁路轨道被拆毁的消息后，各国公使立即举行会议，全体同意调军队前来干预。次日，外国舰队便由海河乘船抵达天津，准备向北京进犯。6月10日，各国驻津领事和海军统帅举行会议，决定组成联军进军北京，由级别最高的英国人西摩尔中将为统帅，美国人麦卡加拉上校为副统帅。

6月17日，八国联军攻打大沽炮台，义和团和清军不甘示弱，随即联合攻打紫竹林租界，天津战役爆发。6月21日，清政府宣布对各国开战。7月19日夜，八国联军逼近京城，慈禧慌忙召集王室亲贵和军机大臣，商议离京避难事宜。7月21日凌晨，慈禧与光绪帝等皇室人员，换便衣仓皇逃离京城。当时东直门、齐化门已被列强控制，慈禧一行从神武门，经景山西街，出地安门西街向西逃跑。上午，队伍到达颐和园，稍作休息，随后又马上出发。

慈禧逃跑的路上，既无被褥，又无更换的衣服，食物仅有小米稀粥，还经常连顿挨饿。曾国藩的孙女婿吴永是清末著名的画家、文人，时任怀来县令，慈禧等人经过当地时，他迎驾有功，被升为粮台，并随銮驾"西狩"，负责后勤供应补给之事。后来他写有《庚子西狩丛谈》一书，对此时慈禧等人的狼狈状况多有描述：

> 慈禧等人到怀来时，饥寒已两日夜，情状极困苦。慈禧自述："连日奔走，又不得饮食，即冷且饿。途中口渴，命太监取水，有井矣而无汲器，或井内浮有人头，不得已，采秫秸秆与皇帝共嚼，略得浆汁，即以解渴。昨夜我与皇帝仅得一板凳，相与贴背共坐，仰望达旦。晓间寒气凛冽，森森入毛发，殊不可耐。今至此已两日不得食，腹馁殊甚。"怀来早已被抢掠一空，仅能以小米绿豆粥供应。而慈禧居然大喜过望，因无筷子，便拿秸秆临时凑数。慈禧吃完，感叹良久，居然痛哭流涕，显得甚是可怜。

在怀来县稍住几天后，慈禧一行人继续前进。经由沙城、宣化、大同、忻州，一路来到太原，驻跸于万寿宫。这时，慈禧恢复了在北京时的神气，为掩饰逃跑的可耻，她以光绪皇帝的名义发表《罪己诏》，称自己为"暂行巡幸太原"。在过雁门关时，她还暂停车马以赏观风景，其间对光绪说道："此次出京，得观世界，亦颇乐也！"到西安后，慈禧更是日夜看戏为乐，虽国家面临亡国的危险，但她仍要求地方官员供饷，漕粮也改道由汉口经汉水、丹江运往陕西。据档案文献统计，截至1901年2月初，解往西安的饷银有500万两，粮食高达100万石。

而攻陷京城的八国联军，其实只是临时拼凑而成，并非正规善战。日、俄、英、法、德五国军队为主，总数不超过两万。其中，日军七千人，法军四千人，英军和俄军各约两千人，其他国家只是象征性地派人参与。德皇听说公使克林德被杀，派出瓦德西大帅带七千兵来华，但路途遥远，京城攻破后几天才到，联军因其公使遇害，于是举瓦德西为联军统帅。

由于清军的武器和战术过于落后，而义和团迷信又无组织，因此，这样的一支杂牌军队，把十多万中国军民打得毫无招架之力。八国联军在对北京进行分区占领后，下令在8月15日至8月18日公开抢劫3天，颐和园等处的珍宝古玩、《永乐大典》等珍贵典籍被联军抢掠毁坏甚多。其中，俄军专门抢劫了中南海的仪鸾殿，能搬动的全部搬走，剩下的全部被砸毁。传教士们也乘机大发横财，抢走了无数的白银、粮食等物品。

由于各国准许士兵抢劫，于是洋兵以捕拿义和团、搜查军械为名，在各街巷纵横肆虐，所到之处，无一幸免。城里的妇女害怕被欺辱，很多都跳井或者上吊自尽，联军到百姓家抢劫时，经常会看到井里已经填满了死人的情景。另外，城破之后，自杀的官员也不在少数，比如尚书崇绮、祭酒王懿荣等，都自杀殉国。

联军在北京大开了杀戒，开始时是疯狂地搜杀义和团，使得北京城顿时尸堆如山。他们只要见到情形稍有可疑的百姓，便指为义和团，不论真假立刻杀死。后来，联军把屠杀范围扩大到普通百姓，其惨状令人毛骨悚然。

身处西安的慈禧，为了能早日"体面"回京，命令庆亲王奕劻回京会同直隶总督李鸿章与各国交涉议和，并电令和谈"可成不可败"。为了讨好列强，慈禧不断发布上谕：此次中国变乱，得罪友邦，并非朝廷旨意，对于挑起祸乱之人，清廷一定全力肃清，决不姑息。12月24日，俄、日、德、法、英、美、意、奥、荷兰、比利时、西班牙十一国提出了苛刻无比的"议和大纲"，宣布"无可更改"。慈禧太后闻讯电令"应抑照允"，后又声称"量中华之物力，结与国之欢心"。1901年9月7日，李鸿章、奕劻代表清政府和列强签订了丧权辱国的《辛丑条约》。

《辛丑条约》凡12款，另有附件19件，主要内容为：

赔款银4.5亿两，从1902年1月1日算起，分39年还清，加上利息，共9.8亿余两（史称"庚子赔款"）；

大沽炮台以及北京到天津海口的各个炮台一律平毁；

北京到山海关铁路沿线12处，各国可以驻兵；

在北京东交民巷一带设使馆区，各国可以在使馆区驻兵，中国人不准在使馆区内居住；

惩办在义和团运动中"得罪"帝国主义的清朝官员（上自亲王下至府县地方官被监禁、流放、处死者达100多人）；

永远禁止中国人民建立和参加反对外国的组织，违者处死，地方官镇压不力者革职；

派亲王、大臣向德国和日本赔罪；

改总理各国事务衙门为外务部，班列六部之前；

修订新商约，外国人认为各个通商章程中应行修订之处，"均行议商"。

《辛丑条约》是帝国主义在镇压了义和团运动之后，强迫清政府签订的又一个不平等条约。这个条约的签订使列强在政治、经济、军事等方面对中国的侵略大大加深。此外，侵略者还重新确立了以慈禧太后为首的清政府充当他们掠夺中国的帮凶，实际上使中国成为各国侵略者共管之下的半殖民地国家，清政府已成为帝国主义势力控制中国的工具。中国已完全成为半殖民地半封建社会。

和约签订之后，两宫立即准备回京。为了减轻地方驿站的负担，他们决定分三批回京，即第一批先行者为在陕没有重要工作者，第二批继行者为两宫及随行侍卫人员，第三批为在京中没有重要事务的人。

光绪二十七年（1901年）八月二十四日，两宫从西安出发。这次回京，跟出逃时相比自然是大不相同。光慈禧一人就有三千辆车，装运金、银、绸缎、古董、玩器等名贵物品。

慈禧回京师的消息传开之后，京中王公大臣暨文武大小官吏，都聚集在马家堡车站准备迎接慈禧。各国男女，都想见中国三次垂帘听政者和囚禁的皇帝，因此在车站人们蜂拥而至。

下午3时，火车到站，慈禧走在最前面，光绪紧跟其后，洋人见状，纷纷向前，争相一睹为快。使慈禧不悦的是，竟有外国人手持摄影机摄她的影，真乃"大不敬"。幸好不一会儿就走出了站，进入八抬大轿，两宫历尽劫难后终于回到了久违的京都。

第五章
在晚清当官不容易

到了这个时候,曾经傲视群雄、辉煌一时的大清已经进入了垂暮之年,内忧外患、国仇家恨不仅让统治者头疼,也让有志有识的臣子记挂。在这样一个混乱的年代,这些文臣武将一面在官场、战场上宏图大展,一面对上对下心怀愧疚。他们有才学、有谋略,更有高位大权,怎奈高处不胜寒,他们的无奈又有几人熟晓……

理学救国的实践者

在晚清特殊的历史背景环境下,西学东渐之风和列强血火屠刀相伴生,侵略的西方和先进的西方同时出现在传统的大清面前。面对西方社会的双重面目,大清内部自然也就出现了双重的回应,有人提倡"师夷长技以制",有人主张"夷夏之防",而倭仁作为近代中西文化接触初期保守派的典型代表,是传统社会文化秩序和政治秩序的卫道士。

倭仁出生于嘉庆九年(1804年),属蒙古正红旗人,乌齐格里氏,字艮峰。他并没有因为祖上余荫而直接做官,而是选择参加科举考试入仕。天道酬勤,经过刻苦学习,他终在道光年间进士及第。后来,倭仁历任中允、侍讲、侍读、庶子、侍讲学士、侍读学士、同治帝之师、副都统、大理寺卿、光禄寺卿,工部尚书、文渊阁大学士,可谓扶摇直上。

倭仁最主要的思想理念是崇信理学,且一生不改其志。对于用人之策、治国之道,倭仁结合生平所学,在一封奏折中做出论断说:"行政莫先于用人,用人莫先于君子小人之辨……惟君德成就而后辅弼得人，辅弼得人而后天下可治。"还是青年之时，倭仁便对理学产生了浓厚的兴趣，道光二十一年（1841年），著名理学家唐鉴入京做了太常寺卿，招收徒弟，讲授学问，倭仁近水楼台，自然大受其影响。在这一段时间内，倭仁结识了和他有着共同志趣的曾国藩，两人一见如故，很快便相交莫逆。

然而，倭仁之笃信程朱理学，往往落于僵化而不知变通，也正是这种保守而缺乏实际作用的思想，让倭仁尝到了苦果。在他刚刚向咸丰帝进献君子小人之论后，便以副都统职衔被外放为叶尔羌帮办大臣。咸丰帝美其名曰挂职锻炼，倭仁却认为这是变相的贬谪，不禁悲从中来，感慨道："过易水，吊荆卿遗迹，想见悲歌慷慨之风。"

不久，倭仁因"互讦案"，"降三级调任"，回到京师做了尚书房授读。这是倭仁的特长，自然如鱼得水，很快出任陪都盛京礼部侍郎，不久调任户部侍郎，兼管奉天府府尹事务。

咸丰十一年（1861年）十月，作为朝廷的使臣，倭仁奉命出使朝鲜，颁布咸丰帝"遗诏"和同治皇帝的"恩诏"。第二年，倭仁便升任大学士，兼领工部尚书，后又为同治帝师，充翰林院掌院学士、协办大学士。此后又任大学士，兼管房部事务，旋授文渊阁大学士。同治十年（1871年），倭仁又晋升为文华殿大学士。"晚遭隆遇"的倭仁，就此步入了人生最辉煌的时期，成为晚清政坛上不可或缺的人物。

当然，倭仁能够成功地登上政坛的巅峰、清末政治的前台，有着特殊的历史背景。同治期间，外患暂时有所减轻，各路农民起义也宣告破产，洋务运动开始兴起。在统治者内部，慈禧太后与恭亲王奕䜣刚刚联手清除了肃顺势力，为了稳定大局，慈禧太后不得不大力依靠恭亲王奕䜣。时间一久，奕䜣权势膨胀、尾大不掉，慈禧太后逐渐难以忍受。上面既然有意，下头自然有心。

同治四年（1865年）三月四日，翰林院编修蔡寿祺上疏弹劾奕䜣，大谈其骄淫、揽权、贪婪、徇私四大罪状，并且让之"归政朝廷，退居藩邸"。慈禧大喜，这是打击奕䜣的最好借口。在周祖培的推荐下，倭仁抓住了机遇，成为审理此案的关键人物。经过一番查访，倭仁最终得出结论："虽不能指出实据，恐未必尽出无因。"

慈禧当即下令，革去奕䜣一切差使。一时间，朝野震动，许多奕䜣的党羽纷纷跳出来反对。此时，慈禧的内心很矛盾，如果从个人权力出发，自然是想要罢免了奕䜣，但是如果罢黜的理由不充分，"亲藩"和"枢臣"都会极力反对，甚至连外国人也会出言干涉。左右为难之下，慈禧只希望能"借大臣以镇众议"。

深谙慈禧心思的倭仁，在肃亲王的配合下，既维护了慈禧的面子，也获取了朝中大臣的赞许，慈禧太后也体面地对恭亲王奕䜣做出了让步："兹览王大臣学士等所奏，佥以恭亲王咎虽自取，尚可录用，与朝廷之意正相吻合。现既明白宣示，恭亲王著即加恩仍在内廷行走，并仍管理总理各国事务衙门。此后惟当益矢慎勤，力图报称，用副训诲成全至意。"

奕䜣得到了东山再起的机会，却被削去了"议政王"封号，权势地位大受打击；慈禧既达成了自己的目的，也避免了被众大臣孤立的局面。倭仁也借此稳固了他的地位，逐渐跃居为一等朝臣。

然而，真正让倭仁"名动天下"的则是同治六年（1867年）发生的同文馆之争。这场争论同时也是中学西学之争，是洋务派和保守派之争，更是潜藏在近代中国血液中渴望进步的方式之争。同治元年（1862年），京师成立了一所旨在培养外交翻译人才的同文馆，然而随着时局的发展，洋务派的中坚人物开始意识到，学习语言不过是块敲门砖，天文、数学等近代自然科学知识才是西方列强之所以强大的源泉。于是，曾国藩、李鸿章、恭亲王奕䜣等人联名奏请朝廷，请求在同文馆中增设天文算学馆。殊不料，这一场再自然不过的办学之议，却引起了反对派的坚决抵御。

同治六年（1867年）正月二十九日，掌山东道监察御史张盛藻上奏反对，认为"读孔孟之书，学尧舜之道"才是正途，人微言轻的张盛藻受到了皇帝的训斥，然而这件事情并没有结束。倭仁旋即登场，上奏主张："立国之道，尚礼义而不尚权谋，根本之图，在人心而不在技艺。"在遭到恭亲王等人的上奏反驳后，倭仁又上奏道："夷人教习算法一事，若王大臣等果有把握，使算法必能精通，机器必能巧制，中国读书之人必不为该夷所用，该夷丑类必为中国所歼，则上可纾宵旰之忧劳，下可伸臣民之义愤，岂不甚善！如或不然，则未收实效，先失人心，又不如不行之为愈耳。"

在洋务派坚强的"师夷长技以制夷""求富""图强"的论调下，倭仁的言论最终被压制。这让倭仁狼狈不堪，拙于言辞的倭仁备感羞辱。终于，气愤不已的倭仁病倒了，他和恭亲王的正面冲突暂时告一段落。

同文馆的两派之争，最后以倭仁的个人牺牲为代价而结束。此时，倭仁已经步入了他一生的最后晚年时光，位愈高而忧愈深。虽然失去了部分兼差，但大学士的身份却没有被取消，这让他能够专心地当着同治皇帝的帝师，在弘德殿行走。

同治八年（1869年）三月初八，帝师们给同治皇帝出了一个《任贤图治》的题目，让之"开笔作论"。同治当即写道："治天下之道，莫大于用人。然人不同，有君子焉，有小人焉，必辨别其贤否，而后能择贤而用之，则天下可治矣。"这竟然和当年倭仁所上《应诏陈言疏》完全一致。由此可观同治帝对这位帝师的崇敬和器重。也正是这一年，醇郡王奕𫍽奏请慈禧，允许同治帝听政，倭仁喜不自胜，遂赋诗一首：

> 宸躬道积已成基，稽众还思允若兹。
> 巽命重申群策纳，乾纲丕振一人持。
> 每怀机密欣观政，况有懿亲更进词。
> 独愧老臣无寸补，龙章日月仰风期。

倭仁之心，可昭日月，他做梦都想将同治皇帝培养成一代"中兴圣主"，让垂死的大清能够起死回生。只可惜，上天给他的时间太少。

同治十年四月二十一日（1871年6月8日），倭仁病重不治。弥留之际，他依然上书慈禧和同治，希求清朝的东山再起。

中兴名臣没落收尾

曾国藩生前最看重的是名声,然而从清末开始,其名声便一直是"毁誉参半"。民国章太炎称之为"民贼",中华人民共和国成立后范文澜则大骂其为"刽子手、汉奸、卖国贼"。不过,和他同时代的那些肱骨之臣对他的评价却很高。李鸿章便在其挽联上写道:师事近三十年,薪尽火传,筑室忝为门生长;威名震九万里,内安外攘,旷代难逢天下才。同为晚晴三杰的左宗棠也写道:谋国之臣,知人之明,自愧不如元辅;同心若金,攻错若石,相期无负平生。

曾国藩、李鸿章、左宗棠,三人同朝为臣,为大清最后半世纪之柱石,虽然目标一致,利益不免相左。死后能得另外二人如此赞誉,倒在一定程度上显现出了时人对曾国藩的经天纬地之才和明人知事之能的肯定。

曾国藩初名子城,字伯涵,号涤生,嘉庆十六年(1811年)出生于湖南长沙府湘乡荷叶塘白杨坪(今湖南省娄底市双峰县荷叶镇天坪村)的一个普通耕读家庭。

曾国藩是家中长子,其下还有8个弟妹,虽然祖辈都以务农为生,但家庭还算得上是富裕。曾国藩的祖父交友天下,阅历丰富,其父亲更是做了秀才。这给曾国藩提供了良好的学习条件。

和那些从小便是天纵奇才的神童不一样,曾国藩小时候则是一个不折不扣的笨小孩。他自己也深知这一点,不过他非但不气馁,反而倍加努力。因此少年得志,道光十二年(1832年),曾国藩考取了秀才。此后曾国藩又相继参加了两场会试,只可惜都名落孙山,直到28岁时,才考中了进士。

从此,曾国藩开始走上了仕途之路,并做了军机大臣穆彰阿的得意门生,其国藩之名,便拜穆彰阿所赐。此后,曾国藩平步青云,在京师十余年的时间里,从一个翰林院庶吉士,累迁侍读,十年七迁,连跃十级。也正是在这一段时间内,曾国藩结识了大量的才士,在学问上也做出了极大的成就。

任何一个人,如此年轻便能在仕途上取得如此成就,都免不了生出自负之心,曾国藩自然也不例外。在升任内阁学士兼礼部侍郎之时,曾国藩便给其祖父写了一封家书,其间自认,如此年轻便官居二品者,自大清立国以来,前无古人。其祖父见他志得意满的样子,也不免心生隐忧。

曾国藩的真正崛起,需从他创立湘军说起。为他提供这个契机的,便是太平天国运动的烽火四起。咸丰二年(1852年),曾国藩在江西任职期间,其母亲去世,他遂依照惯例回乡服丧。然而,虽然身处江湖之远,但曾国藩却依旧心忧朝廷,八旗官军的战报他也时时关注,深知朝廷可谓风雨飘摇,被太平军打得节节败退。

焦头烂额的清政府,只能向地方发布命令,让有能力的地方官员组织团练，以地方武装的形式来遏制太平起义的步伐。有了皇命，曾国藩便名正言顺地回到了老家，利用他在湖南广泛的人脉，组建了名震天下的湘勇。自咸丰元年（1851年）开始，曾国藩便一直想要组建一支自己的军队，希求依此挺直腰杆。后来借着团练和镇压起义的机会，曾国藩开始着手训练湘军。

八旗子弟兵历来是清王朝的精锐之师，只可惜已经腐败无能，不堪一击。有鉴于此，曾国藩制定了严密的训练方法。比如将原本的世兵制换成了募兵制，又将兵归国有变成了兵归将有，如此，不仅单兵素质大增，兵力的作战效力也大大加强。

1854年2月，湘军练成，遂倾巢出动以抗击太平军。为了在舆论上占据制高点，曾国藩在出兵的同时，还苦心孤诣地写下了《讨粤匪檄》，对太平军进行口诛笔伐，"举中国数千年礼义人伦诗书典则，一旦扫地荡尽。此岂独我大清之奇变，乃开辟以来名教之奇变，我孔子、孟子之所痛哭于九原"，"凡读书识字者，又乌可袖手安坐，不思一为之所也"。在曾国藩的檄文中，大骂太平军"荼毒生灵"，将广大知识分子都纳入了体系之中，以共抗太平军。

太平军深知曾国藩湘军的厉害，遂全力对付湘军，并顺利地将曾国藩围困在长沙。好不容易突出了重围，曾国藩又在水路和陆路上双重失利，搞得他差点投水自尽。幸得这时候太平军将战略重点转移到了武昌，曾国藩得到了喘息的机会，其军力也逐渐加强。

所谓功高震主，伴随着曾国藩羽翼的不断丰满，清政府开始对曾国藩暗生戒备，地方督抚也是处处掣肘。无奈之下，曾国藩只能以退为进，向咸丰帝写了奏折，请求终生守制，咸丰帝自然准之。然而随着时局的发展，咸丰帝不得不收回成命，让曾国藩获取实权以稳定大局。

曾国藩不仅善于抓住时机，更是知人善用。湘军在曾的以身作则之下，一直恪守军纪，与百姓互不侵扰。曾国藩的做法是对的，一般平民百姓，经历了大清盛世，又怎么会擅自谋反，替自己招惹杀身之祸呢？所以更多人愿意去辅助湘军。湘军也逐渐从败局中取得了许多胜利，并且成为南方地区对抗太平军的主要军事力量之一。

曾国藩也是功成名就，被朝廷封为了一等勇毅侯，成为清代以文人身份而封武侯的第一人，后历任两江总督、直隶总督，官居极品。

1861年11月，慈禧太后任命曾国藩统辖苏皖浙赣四省军务，曾国藩遂取得了抵抗太平军的全部军政大权。其势力更是从长江中下游地区延伸到了西南腹地，成为地方武装中最强横的实力派。

一年之后，曾国藩引领湘军兵分十路大肆进攻太平军。这时候，渐生骄狂之心的曾国藩对军队的制约也日渐松弛，大军所到之处，奸淫掳掠、无恶不作。在太平军攻破天京之时（1864年），湘军更是制造了一个惨绝人寰的人间炼狱，曾国藩自己也称："三月之间，毙贼共十万余人，秦淮长河，尸首如林。"被杀的人之中，大多数都是无辜百姓。曾国藩的弟弟曾国荃，还在古都天京放火，大火烧了七天七夜，曾经的繁华重镇沦为片瓦废墟。为了掩人耳目，曾国藩不等俘虏将领李秀成押解回京，在半路上便将之杀害，并谎称天京之事，纯属太平军所为。

一将功成万骨枯，曾国藩自然成为了镇压太平军最大的功臣。而正在此前，为了免于遭人记恨，曾国藩急流勇退，解散了军心日渐涣散的湘军，同时还命令其弟解甲归田。

同治九年（1870年），正在直隶总督任上的曾国藩奉命前往天津办理天津教案。考虑到清王朝风雨飘摇的时局和英美法等国咄咄逼人的气势，曾国藩只能向外国妥协，将责任全部归到中国人身上，为首18人被处以极刑，25人流放，天津知府张光藻、知县刘杰被革职充军发配到黑龙江，赔偿外国人的损失46万两白银，并由崇厚派使团至法国道歉。

如此卖国求荣之举，自然惹得国人一片谩骂，就连清王朝内部也对曾国藩大为不满，其同乡也受到了牵连。至此，曾国藩的声誉受到了极大的破坏，健康状况也是每况愈下。

同治十一年二月初四（1872年3月20日），曾国藩在南京病逝。朝廷赠太傅，死后被谥"文正"。

考试不行，打仗很在行

和李鸿章一样，左宗棠的出人头地也得益于曾国藩的提携，但是在很多方面，李左二人是不尽相同的：李鸿章算得上是曾国藩的关门弟子，但左宗棠却是一个外人。李鸿章深谙官场之道，运筹帷幄，上下齐心，对上级尊敬有加，只有到了必要时候才会发动雷霆一击，最终取代了曾国藩的朝中地位；而左宗棠则多少有些恃才傲物、心高气傲，不管是皇帝老子还是天下名臣，在左宗棠的眼中都不外如是。

左宗棠之狂傲，不是自大自负，不是肤浅薄陋，而是浸透在骨子里的一种傲骨。他曾言辞凿凿地说道："后人思想薄弱，不敢以古拟今。"一句"始未出，与国藩、林翼交，气陵二人之上"更显其霸气。

左宗棠，字季高，号湘上农人，谥号文襄，嘉庆十七年（1812年）出生在湖南湘阴，算起来和曾国藩还是老乡。和曾国藩的家境富裕、李鸿章的家族显赫不同，左宗棠家境贫寒，但少负大志，他曾为自己写下了一副楹联：身无半亩田，心忧天下；读书破万卷，神交古人。由此可见其壮志雄心。

虽然左宗棠生性聪颖，但考试之路却极不顺畅。道光七年（1827年）应长沙府试，取中第二名。三年之后，进入了长沙城南书院学习，第二年又入湖南巡抚吴荣光在长沙设立的湘水校经堂，在这期间的考试成绩也多次名列前茅。后来参与乡试，因"搜遗"中第。只可惜，后来到了京师，连续三次考试都名落孙山。

左宗棠一直致力于钻研兵法、古今中外的历史地理，其博学多才之名很快便名动湘乡，获得了很多名流显贵的器重和赏识。所谓名流显贵者，当首推三人。

第一个人是著名务实派官员和经世致用学者贺长龄，左宗棠与之相见，贺长龄以国士待之。贺长龄的弟弟是左宗棠在城南书院学习时的恩师，对左宗棠之才也是由衷喜爱，称其"卓然能自立，叩其学则确然有所得"，并与之结成了儿女亲家。

第二个人是封疆大吏陶澍，也将自己的女儿嫁给了左宗棠，其眼光之独到，为当时今日之佳话。

第三个人是因虎门销烟扬名后世的林则徐，他对左宗棠也是青睐有加。在长沙之时，二人就治国之道、救亡之术彻夜长谈，在对待西北军政的看法上二人更是不谋而合。林则徐将根据自己多年的经验所写成的书稿，悉数送给了左宗棠。

得到了林则徐等人的肯定，左宗棠的信心大增。咸丰二年（1852年），太平天国大军围攻长沙，左宗棠临危受命，应湖南巡抚张亮基之聘出山，做了他的幕僚。左宗棠虽然无官袍加身，但却逐步控制了湖南军政大权，一应事务皆由他指挥，内革弊政，外击匪军，很快便稳定了大局，让长沙得以孤岛长存，遂有"天下不可一日无湖南，湖南不可一日无左宗棠"之语。初露峥嵘的左宗棠，引起了朝野关注，同时，其才华也招致了湖南永州镇总兵樊燮的嫉恨，在其刻意构陷之下，左宗棠险些性命不保，得友人相助才幸免于难。

后来，左宗棠得到了曾国藩的赏识，很快就做了浙江巡抚，督办军务。同治元年（1862年），左宗棠组建"常胜军"，将太平军打得大败，绍兴、金华等地相继被常胜军攻陷，他也因此而升任闽浙总督。后来，因为镇压太平军之功，左宗棠被封一等恪靖伯。太平天国之事平息之后，左宗棠遂加紧练兵，筹办洋务，以应对日渐严峻的形势。

同治五年（1866年），左宗棠上疏奏请设局监造轮船，获得批准。从此，左宗棠开始经营洋务，开船厂、买机器、办学堂，引进技术的同时，也不忘培养人才。一年之后，中国第一个新式造船厂福州船政局（亦称马尾船政局）正式开工，此时的左宗棠由于西北战事日紧，遂做了陕甘总督，由原江西巡抚沈葆桢任总理船政大臣。

此时，西北地区爆发起义，朝廷不能制，只能派遣左宗棠率大军镇压。左宗棠不负众望，很快便平定了乱局。同时，还在西北创办兰州制造局（亦称甘肃制造局）、甘肃织呢总局（亦称兰州机器织尼局），图强之时，不忘求富。

然一人之功，却难以解决清政府内外交困的危难局面。同治十年（1871年）七月，沙俄派军侵占伊犁；同治十一年（1872年）六月，侵入新疆的阿古柏广发货币，西北战局日紧，新疆面临分崩离析之局。另一边，大清东南海岸也是不得安宁，日本乘机入侵台湾，德国、法国、英国、美国、俄国等列强咄咄逼人，时刻谋划着如何扩大自己在清朝的权益。

此时，清廷统治集团内部为寻找应对之策陷入了海防与塞防之争。以李鸿章为首的一派主张"力难兼顾"，不如放弃西北边疆，努力经营东南沿海；与此相反，左宗棠则力排众议，认为"自撤藩篱，则我退寸而寇进尺"，力主保卫西北，认为只要这个大门紧扣，沙俄便无法南下，京都便可安然无恙，同时，为了防止英国、俄国在西北的日益猖獗，也势必要收复失地。

侵略者阿古柏也意识到了清廷的内部不合，遂与英国达成了妥协，让他们为海防派摇旗呐喊。英国公使甚至公然施压：为了保卫中亚细亚的和平，要求清政府同意阿古柏之独立。

面对英国的施压，清朝大臣们自然一个个畏头畏尾，主张不要去管西北。左宗棠则反驳英政府；何不将印度交给阿古柏去打点？

经过一番唇枪舌剑，左宗棠在舆论上逐渐占据了主动，他的分析入情入理，得到了包括军机大臣文祥等人的支持。而且就在此前，左宗棠还打了大胜仗，如此一个常胜将军，赢得了清政府的信任。于是，当朝统治者同意了左宗棠的塞防政策。

收复西北失地是左宗事业的最高峰，他也因此备受后人的尊敬。为了能够顺利达成目的，左宗棠首先制定了先南后北、缓进速战的战略方针。在攻克了吐鲁番之后，左宗棠加紧了对军士的约束，得到了当地人民的支持。大军节节胜利，势如破竹，很快便攻克了和阗（今和田），收复除伊犁地区外的全部失地，绝望之中的阿古柏只能服毒自杀。为了能够使当地长治久安，左宗棠上书清政府，要求在当地设立行省。

阿古柏政权虽然覆灭，但伊犁却依然把持在沙俄的手中。于是，左宗棠上书朝廷，"先之以议论"，"决之于战阵"。清政府同意了左宗棠的主张，派遣崇厚与沙俄交涉，然而却没有成果，崇厚被判处死刑。

不久，朝廷又派曾纪泽与沙俄交谈，沙俄以占领为既定事实，概不与清政府妥协，对清使者百般要挟。无奈之下，左宗棠只能抬着棺材向伊犁进发。迫于左宗棠强大的军事压力，沙俄开始在外交上退让。光绪七年（1881年），沙俄与清朝签订了《伊犁条约》，双方各有让步，霍尔果斯河以西地区和北面的斋桑湖以东地区被沙俄强行割去，清政府被迫赔偿了俄国900万卢布的损失，而伊犁和特克斯河上游两岸领土则重新回到了清政府手中。

胜利之后的左宗棠，回到清廷后论功行赏，做了两江总督兼南洋通商大臣，后来又奉诏入京，任军机大臣。光绪十一年（1885年），左宗棠病故于福州。

对也不对，不对也对

"自李鸿章之名出现于世界以来，五洲万国人士，几于见有李鸿章，不见有中国。一言蔽之，则以李鸿章为中国独一无二之代表人也。"

李鸿章，道光三年正月初五（1823年2月15日）出生于合肥县东乡（今肥东县，现属合肥瑶海区）磨店乡。本名章桐，字渐甫或子黻，号少荃，晚年自号仪叟，别号省心，谥文忠，世人多尊称其为"李中堂"，因排行老二，是故有人戏称他为"李二先生"。

李鸿章的先祖本姓许，从江西湖口迁至安徽省庐州府合肥县定居。其八世祖名许迎溪，他将次子慎所过继给姻亲李心庄。到其高祖时，终于勤俭致富，有田二顷。父亲李文安（1801—1855年）经多年苦读，于道光十八年（1838年）与曾国藩同年考取同榜进士，李氏家族一跃成为当地名门望族。

李鸿章6岁时就已经进入馆棣华书屋学习，并先后拜堂伯李仿仙和合肥名士徐子苓为师，学问功底扎实。道光二十三年（1843年），在父亲的鼓励下，李鸿章到顺天府参加乡试。去到北京时，他写下了豪情干云的《入都》一诗："丈夫只手把吴钩，意气高于百尺楼。一万年来谁著史，三千里外欲封侯。定将捷足随途骥，哪有闲情逐水鸥？遥指芦沟桥畔月，几人从此到瀛洲？"

虽然身怀豪情壮志，但第一次参加科举，李鸿章就惨遭落榜，无奈之下投入曾国藩的宅邸接受指导。3年之后，时年24岁的李鸿章高中进士。凭借着父亲的关系，李鸿章遍访了王茂荫、吕贤基、赵畇等安徽籍京官，得到他们的器重和赏识。同时，他还广交同考士子。

当然，最让李鸿章庆幸的是他结识了湖南大儒曾国藩，还得以与他"朝夕过从，讲求义理之学"。在相处的过程中，曾国藩见李鸿章一点就透，很是高兴，将之和同榜进士陈鼐、郭嵩焘、帅远铎等一起，称为"丁未四君子"。

太平天国运动虽然沉重打击了清王朝的统治，却也因此成就了一批人，除了曾国藩之外，李鸿章也借此练兵之际声名鹊起。

值得一提的是，在入幕曾国藩府衙时，李鸿章曾为曾国藩起草了《参翁同书片》，其间写道："臣职份所在，例应纠参，不敢以翁同书之门第鼎盛瞻顾迁就。"（当时翁同书之父翁心存正处高位）虽然李鸿章借此赢得了曾国藩的欣赏，但却得罪了翁同龢，以至于后来的北洋水师处处受其掣肘。

咸丰十年（1860年），李鸿章统带淮扬水师，与曾国藩相互配合，在镇压太平天国运动中，立下了很大功劳，遂被升任为江西巡抚。从此，李鸿章更是放开手脚，全力打造了一支由西洋火器装备的现代军队，还在上海创办了军工厂。这极大地增强了淮军的战斗力。

同治四年（1865年）四月二十四，剿捻统帅僧格林沁所率军队全军覆没，李鸿章遂升任两江总督，负责协助曾国藩剿灭捻军。刘铭传、李鸿章定下"以有定之兵，制无定之寇"之方针，然而因为捻军军威正盛，曾国藩又无法全权指挥淮军，这次行动并没有取得预料的结果。

同治五年（1866年）十一月初一，李鸿章取代曾国藩为钦差大臣，接办剿捻事务。同治九年（1870年），在成功调解了天津教案后，李鸿章被任命为直隶总督，又兼任北洋通商事务大臣。同治十一年（1872年），加授武英殿大学士。从此，李鸿章名列清朝第一大臣，在此后的25年时间内，一直活跃在清王朝的政治舞台上，畿疆门户、恃若长城，是清廷不折不扣的柱国之臣。

伴随着李鸿章地位的上升，他支持的洋务派也获得了强力的支持。在同治年间，李鸿章相继创办了上海炸弹三局、苏州机器局、江南制造局三所洋务工厂。后来，苏州机器局迁到了南京，扩建为金陵机器局。在调任直隶总督期间，李鸿章接管了由崇厚创办却经营不善的天津机器局。

当时，天下四大近代早期军工厂中，李鸿章独占其三，这恰好印证了他所倡导的那句"练兵以制器为先"。在此期间，李鸿章积极总结办洋务的经验，得出"中国欲自强，则莫如学习外国利器。欲学习外国利器，则莫如觅制器之器，师其法而不必尽用其人。欲觅制器之器与制器之人，则或专设一科取士，士终身悬以为富贵功名之鹄，则业可成，艺可精，而才亦可集"的深刻认识。

李鸿章以为，中国要想改变积贫积弱的局面，首先要求富，然后再求强。同治十一年底，他首创的轮船招商局成为中国近代最大的民用企业，也是"官督商办"管理模式的代表。后来李鸿章还创办了上海机器织布局、上海电报总局、上海华盛纺织总厂、河北磁州煤铁矿、山东峄县煤矿、江西兴国煤矿、湖北广济煤矿、开平矿务局、天津电报总局、津沽铁路、漠河金矿、唐胥铁路、热河四道沟铜矿、三山铅银矿等一系列民用企业，涉及范围极广。这在很大程度上引领了中国近代化的进程。

随着李鸿章在洋务上的成就日大，他在对外交往中也发挥着日益重要的作用。在求富求强的运动中，李鸿章坚持"外须和戎，内须变法"的洋务总纲，坚持以夷制夷，希望以此为清王朝的洋务发展获取时间，最终达成富强的目的。

同治十年（1871年）七月二十九，李鸿章作为清廷代表，与日本签订了《中日修好条规》。此时的日本也正在进行明治维新，国力日益强盛，英国等列强也开始将日本绑在他们的战车之上，日本的野心日大，李鸿章自然认为日本"日后必为中国肘腋之患"。

果然不出其所料，同治十三年（1874年），日本出兵侵台，随着《中日台事条约》的签订，此事暂时平息。光绪五年（1879年），日本乘隙吞并了琉球。此前，李鸿章还于同治十三年（1874年）与秘鲁签订了《中秘通商条约》，于光绪二年（1876年）与英国签订了《中英烟台条约》。

光绪九年（1883年），中法战争爆发，李鸿章力主"各省海防兵单饷匮，水师又未练成，未可与欧洲强国轻言战事"。次年4月17日，李鸿章与法国代表福禄诺签订《李福协定》，只可惜这个协定和此前签订的协议命运一样——依旧被法国撕毁。直到广西和台湾战场，清军取得了部分胜利后，《中法会订越南条约》才得以签订，但清政府却在条约中承认法国在越南的既得权益，时称"法国不胜而胜，中国不败而败"。

1895年甲午战争爆发，清廷战败，旅顺、威海等重要北洋海港失守，李鸿章最骄傲的洋务成就北洋水师覆灭，遂奉命前往日本，与伊藤博文在马关签订了《马关条约》，其声威跌倒了最低谷。康有为等人借着全国的声讨之声，发动了公车上书，揭开了维新变法的序幕。李鸿章也深感此次行动为平生之奇耻大辱，对变法寄予希望，只可惜当时的他已经无权无势。

光绪二十六年（1900年）六月十二，八国联军占领北京，清廷再度授李鸿章为直隶总督兼北洋大臣，希望他能够收拾这个残局。有了前车之鉴，李鸿章自然不愿意再去做替罪羊。但鉴于清廷无能力解决此事，李鸿章只能硬着头皮，与八国联军求和，并最终签订了《辛丑条约》，这让李鸿章再次身败名裂。

两个月后，沙俄提出"道胜银行协定"，试图攫取更大权益，李鸿章不愿意签字，在郁愤之中呕血不止，数月之后便溘然长逝，结束了他戏剧性的一生。

宦海沉浮的状元帝师

从隋朝开始，科举考试开始盛行，开科取士成为一朝选拔人才的主要程序，到晚清之时，没人能算得清自科举开设以来有过多少状元，因为他们之中的大多数人都沦为了历史的烟尘，只有少数几位状元得以光耀万代，彪炳青史。清朝的翁同龢，贵为帝师，身处乱世，是少数中的佼佼者。

翁同龢于道光十年四月二十七日（1830年5月19日）出生于北京城内石驸马大街罗圈胡同寓所，字叔平，号松禅，别号天放闲人，别署瓶笙、均斋、松禅、瓶庐居士、并眉居士等，晚号瓶庵居士。

翁同龢能有后来无比辉煌之成就，一方面取决于他自身的努力，另一方面则归功于其优良的家庭背景。翁同龢的父亲翁心存，官至体仁阁大学士，后为同治帝师。翁氏家族也借此机缘成为当时显赫一时的大家族，"一门四进士、一门三巡抚；父子大学士、父子尚书、父子帝师"之称闻名天下。

翁同龢4岁之时，与其祖母回到老家常熟，聪明好学的他很快完成了"四书五经"的学习，后来还考进了当时名重一时的常熟县学游文书院。道光二十五年（1845年），翁同龢在苏州应院试并考中秀才，从此晋升有门。消息传到翁家，满门上下张灯结彩、欢天喜地。于是，翁同龢进入了当时苏州最知名的紫阳书院学习。

然而在开学当天，翁同龢却做了一件惊天动地的举动。按照紫阳书院的规矩，所有学生在谒见老师之后都要跑出来，以表示其成绩会快速增长，而翁同龢却是慢条斯理地走了出来，丝毫不为这些子虚乌有之事所动。满场皆惊的同时，唯独一个80岁老教师认为，此子不拘俗套，将来必成大器。

此后，翁同龢的应试之路一帆风顺。咸丰二年（1852年），翁同龢应顺天乡试，中举人，虽然此次只考了二十七名，但是并不妨碍他参加下一场考试。一年之后，翁同龢参加了第一次会试，结果没有取得任何名次。

此后的翁同龢更加用功。咸丰六年（1856年），翁同龢第二次参加会试，得了六十三名，全家高兴不已。殊不知更大的惊喜还在后面，因为克服了紧张的毛病和熟知了主考官的风格，翁同龢在复试中一举跃进到一等第二名；到了殿试，翁同龢更是中了一甲一名，高中状元。咸丰七年（1857年），翁同龢被授予修撰，供职翰林院。因为有咸丰帝的赏识，翁同龢很快便被破格擢为乡试副考官，先后典试陕西、山西。

然而，此后数年，翁同龢的仕途并非顺风顺水。

时值英法联军攻占天津、正欲攻入北京之际，清政府内部也是混乱不堪，派系林立，斗争不断。翁同龢的父亲翁心存自然也难以独善其身。军费支出日益扩大，导致清政府财政困难，无奈之下，咸丰帝只能向全国发行大面额的铜钱和纸钞以聚敛钱财。翁心存深知此举的危害性，从一开始就大力反对。只是咸丰帝心意已决，这项"新政"很快便施行开来。

不久，天下大乱，清政府的经济状况更加恶化，在通州甚至发生了倚役抢劫商旅之事。朝廷遂命令刑部侍郎文锐审理此案，他竟然诬陷翁心存包庇属员、阻挠新法。这自然惹得咸丰帝大怒，遂将之撤职查办，后来考虑到其帝师身份，遂降职启用。

翁同龢身为人子，父亲有难，他自然不能幸免。直到慈禧太后发动了辛酉政变，翁心存重新受到重用，翁同龢才迎来了他一生的转机。同治四年（1865年），翁同龢奉旨在弘德殿行走，授读同治帝。光绪元年（1875年）又奉旨在毓庆宫行走，授读光绪帝。前后20年时间，翁同龢都站在了帝国人臣权力的巅峰，做了两位皇帝的帝师。

这期间，翁同龢不仅打理好了和皇帝的关系，也处理好了和太后的关系。晚清最后40年，第一能臣当数李鸿章，他尚且不能做到的事情，翁同龢却做到了。

初涉官场之时，恭亲王权倾朝野，翁同龢便果断地投靠了他。后来醇亲王上位，翁同龢又投靠之以自保，足见其见风使舵之能。为了避免自己的行为惹人非议，翁同龢始终维护着帝师的官位，很得皇帝的信任。后来，光绪帝不听慈禧太后的使唤之时，翁同龢便在第一时间成为了慈禧要清理的对象。

不过，翁同龢虽然在政治上左摇右摆，却还不失为一个清正廉洁的好官。在别人都忙着损公肥私之时，翁同龢却不屑这样的举动，以至于晚年之时，竟然只有几亩薄田傍身。

在对待外国列强的侵略行径上,翁同龢力主抗争到底,决不妥协。因此,在中法战争和甲午战争期间,翁同龢作为军机大臣,都参与了对外国主战的决策。然而,他的主战策略不过是基于一时之气愤,并没有献出什么克敌制胜之策,反而因为和李鸿章的个人关系不和,而经常给北洋海军制造麻烦,不惜克扣北洋海军的军费。

光绪十三年(1887年),翁同龢任户部尚书,次年郑州一段黄河决堤,财政难以支撑,翁同龢遂主持户部在陈奏《筹备河工赈需用款办法六条》中,以"十余年来,各省购买军械存积甚多,铁甲快船,新式炮台,业经次第兴办"为由,要求自1888年(光绪十四年)起,沿海各省所有购买外洋枪炮船只均请暂行停止,俟河工事竣,再行办理。

这个条款直接导致了北洋海军无法去购买最新的先进战舰,最终"吉野"号花落日本。同时,此时由于财务的关系,致使北洋海军只能使用劣等煤矿,锅炉年久失修,战争焉有不败之理。当然,翁同龢此举,也并非没有自己的考虑。一来清政府的财政确实困难;二来李鸿章训练北洋海军,海军只知道有李鸿章,不知道有慈禧和光绪帝,俨然成了李鸿章的私人武装。因此,翁同龢只能在军费上大动手脚,以制衡李鸿章权力的进一步扩大。

但翁同龢却没有料到,一次无心之失,竟然会让北洋海军全军覆没。消息传来,举国同悲,翁同龢也感到了一声晴天霹雳。翁同龢眼见国家败亡,不甘心山河沦丧,决意顺应历史潮流,不顾一切帮助维新派。

光绪二十四年(1898年),作为维新派的代表,慈禧太后第一时间将翁同龢开缺回籍,将其革职永不叙用,交地方官严加管束。

此时此刻，翁同龢已经迈入了古稀之年。光绪二十四年（1898年）六月十五，满怀抑郁和凄怆的翁同龢被慈禧撵出了北京城，回到老家常熟。可叹翁同龢，半生纵横大清政坛，晚年却唯有片衣裹身、两袖清风。

数年之后，饱经忧患，在凄凉的晚景中苟延残喘的翁同龢终于闭上了眼睛，临终之时不禁写诗哀叹："六十年中事，伤心到盖棺。不将两行泪，轻向汝曹弹。"

搞搞洋务，打打仗

张之洞，直隶南皮（今河北南皮）人，字孝达，号香涛，别号抱冰、壶公。从张之洞的曾祖父到父亲，三代都为州县官，家学渊源深厚。张之洞从小便聪明好学、博览群书、过目不忘，奠定了深厚的儒家思想之基础。

为了能够让张之洞博学广进，其父亲特意为之请了数位名师教导，其中的丁诵先、韩超二人都是大清高官，对张之洞的影响很大。咸丰二年（1852年），张之洞参加顺天乡试，荣获第一名的好成绩，此时，张之洞只有16岁。同治三年（1864年），张之洞参加会试、殿试，中一甲第三名，授翰林院编修。

早年之时，张之洞以攻讦时政闻名，成为清流派的代表人物，后来又相继担任浙江乡试的副考官、湖北学政、四川学政等官职，主管一省之教育。在这以前，张之洞努力经营书院，提拔才智德行卓绝之人，威望很高。

光绪五年（1879年），张之洞补国子监司业。时逢沙俄侵占伊犁，崇厚谈判失败，张之洞特上《熟权俄约利害折》《筹议交涉伊犁事宜折》，痛斥沙俄外交不合法，声陈崇厚之外交有重罪，得到了慈禧、慈安太后的召见与赏识。

光绪七年至十年（1881～1884年），张之洞任山西巡抚。眼见山西吏治败坏，鸦片流毒，人民困苦，遂提笔写下："山西官场乱极，见闻陋极，文案武案两等人才乏极，吏事民事兵事应急办之事多极。竟非清净无为之地也。""晋患不在灾而在烟。有嗜好者四乡十人而六，城市十人而七，吏役兵三种几乎十人而十矣。人人枯瘠，家家晏起。堂堂晋阳，一派阴惨败落景象，有如鬼国，何论振作有为，循此不已，殆将不可国矣，如何如何。"以此抒发自己心中的悒郁和抱负。

此后，张之洞开始在山西推行一系列整顿之策，取得了一定效果。同时，张之洞也受到英国传教士李提摩太《救时要务》的影响，开始筹办洋务。只可惜尚未实现，中法战争就爆发了，张之洞因山西之功，升迁为两广总督。后来，张之洞所举荐之人广西布政使徐延旭在战争中大败，交部察议。痛定思痛的张之洞，此后为人处世格外小心。

虽然中法战争时期，清政府在外交上经历了惨痛的失败，但张之洞却在这一期间逐步走上了筹办洋务的道路。在广东，张之洞开设水陆师学堂、枪弹厂、机铸制钱局、银元局、织布局、制铁厂，这些工业后来逐步成为了洋务派的中坚力量。

光绪十二年（1886年），张之洞又在广州创办广雅书院和广雅书局，以非凡的气度和胆识，引进此前因弹劾李鸿章而获罪的官员为教习长官。此时，张之洞也逐步意识到铁路的重要性，认为铁路之利，以通土货、厚民生为最大，征兵、转饷次之。遂上书朝廷，请求修建芦汉铁路。

无可否认，张之洞的这条建议很好，但他却忽略了清政府财政亏空的现实，此前，李鸿章也准备在京师附近修建铁路，朝廷未准。这次，清政府却答应了张之洞的请求，但目的不过是想要缓解李鸿章的怨气，这无疑将张之洞放在了矛盾的风口浪尖上。

虽然深知现实矛盾重重，张之洞却并不打算放弃修路计划，他坚信芦汉铁路是"干路之枢纽，枝路之始基，而中国大利之萃也"。此时，他只能依靠自力更生。同时，由于修铁路事宜，光绪十五年（1889年），张之洞调任湖广总督，专门负责铁路南段，北段则交由直隶总督负责。

到任之后，张之洞首先筹建汉阳铁厂，然而这一切看似简单，实际上却困难重重。为了向英国购买炼钢厂机炉，张之洞专门发了电报，英国梯赛特工厂厂主则道："欲办钢厂，必先将所有之铁、石、煤、焦寄厂化验，然后知煤铁之质地如何，可以炼何种之钢，即以何样之炉，差之毫厘，谬以千里，未可冒昧从事。"

张之洞不知其言属实，夸口道："以中国之大，何所不有，岂必先觅煤铁而后购机炉？但照英国所用者购办一分可耳。"到后来，铁用大冶的，煤用马鞍山的，而机炉则设在汉阳，不能炼焦的马鞍山煤只能废弃，最终向德国购买了数千吨焦炭。光绪十六年至二十二年（1890～1896年），历经6年时间，耗资560万两，张之洞还没有见到一块真正意义上的钢。

不过也正是在这一期间，张之洞在教育上取得了突出的成就，他在武昌设立了西湖书院、工艺学堂、武备自强学堂、农务学堂、商务学堂等，在南京设立了铁路学堂、陆军学堂、储才学堂、水师学堂等，开设了中外许多先进学科以教授人才，在管理上还独树一帜地仿效日本，建立了今天我们所看见的班级授课制。此外，他在军事教育、留学教育、师范教育等方面都做出了突出的贡献，后来还写成了《劝学篇》，实乃其办学教育思想的集大成之作。

汉阳铁厂历经重重困难，最终还是取得了巨大的成就。它是亚洲最大而且首创的钢铁厂，比日本的还早，也是近代中国第一个大规模的资本主义机器生产钢铁工业，为军工事业和民用事业的发展奠定了基础。后来，汉冶萍公司的经理叶景葵评论道："假使张之洞创办之时，先遣人出洋详细考察，或者成功可以较速，糜费可以较省。然当时风气锢蔽，昏庸在朝，苟无张之洞卤莽为之，恐冶铁萍煤，至今尚蕴诸岩壑，亦未可知，甚矣功罪之难言也。"

同一时间，张之洞还创办了湖北织布局、枪炮厂、缫丝局、纺纱局、制麻局以及制砖、制革、造纸、印刷等工厂。此外，有鉴于长江年年水患，张之洞在湖北大兴水利，于光绪二十五年（1899年）前后修了三条堤，免除了许多地区的洪水威胁。

甲午战争爆发，张之洞调署两江总督，然而他此前练的军队却没有实际作用。朝廷要调集四艘军舰，张之洞致李鸿章电道："旨调南洋兵轮四艘，查此四轮既系木壳，且管带皆不得力，炮手水勇皆不精练，毫无用处，不过徒供一击，全归糜烂而已。甚至故意凿沉、搁浅皆难预料。"足见其先见之明。甲午一战，清朝战败，张之洞积极主张洋务兴办，抵抗侵略。康有为在《公车上书》中称张之洞"有天下之望"。谭嗣同也说："今之衮衮诸公，尤能力顾大局，不分畛域，又能通权达变，讲求实济者，要惟香帅一人。"足见其在天下士子心中的崇高地位。

为了支持康有为的变法运动，张之洞积极捐款，为之活动。只是世事艰难，保守派实力强大，张之洞也不得不明哲保身，退居幕后，后来还停止了对强学会的捐款。不过"内有常熟（翁同龢），外有南皮（张之洞）"的美称，倒是盛传于天下。

张之洞积极宣扬"中学为体，西学为用"的方针，以正风气，足见其思想中保守的一面。维新派梁启超毫不犹豫，地评论其《劝学篇》："挟朝廷之力以行之，不胫而遍于海内，何足道？不三十年将化为灰烬，为尘埃野马，其灰其尘，偶因风扬起，闻者犹将掩鼻而过之。"只是他们不知道，身为封疆大吏的张之洞，深谙官场之道，明白保守党是不会任由维新派作为的。果然，百日之后，慈禧太后发动政变，"六君子"被斩首。

义和团运动兴起之时，张之洞保守的一面显露得更加淋漓尽致。他连同其他官员与英国签订了《东南互保章程》，以维护帝国主义的利益。光绪二十六年（1900年）七月，张之洞在武汉逮捕了自立军首领唐才常等20余人，并将之悉数杀害。后来，张之洞还起草了一份《劝戒上海国会及出洋留学生文》，声言康有为等人是乱党，自立军便是其罪状。留日学生代表沈翔云写了《复张之洞》一信，痛斥张之洞："公之定此狱也，一则曰领事恨之，再则曰教士恨之，三则曰洋官、西士无不恨之，公以为领事、教士、洋官、西士，其为中国乎？其为彼国乎？何大惑不解为是也。"张之洞看信之后，十分窘迫。

由于在一系列变乱中，张之洞始终站在最有利的一方，遂能一路顺风顺水，光绪二十七年（1901年）十月，他更被加封太子少保衔。第二年，张之洞便上了《筹定学堂规模次第兴办折》，竟以兴办师范、小学、文普通中学、武普通中学、文高等学堂、武高等学堂、忠学堂、工学堂、勤成学堂、方言学堂、仕学院、省外中小学、蒙学等，得到了清政府的认可。3年之后，清政府更是批准颁行了张之洞的《奏定学堂章程》，这是中国近代第一个以法令形式公布的在全国范围推行的学制，是为"癸卯学制"。光绪三十一年（1905年）九月，在张之洞的主导下，通行了1300年之久的科举制被废除，客观上促进了资本主义文化的传播和发展。

1909年，在"国运尽矣"的哀叹声中，张之洞闭上了眼睛，清廷谥以"文襄"。

帝国最后的守望者

清朝是中国传统封建社会发展的最高点，因而有集大成和大变局两种特征。站在这样一个时代的风口浪尖上，周馥既有报效国家、救助黎民的大志，也有面对国家危亡、世事艰难的悲哀。

周馥的曾祖和祖父两代，由于经商有道，其家庭很富裕，只是到了其父亲时，家道中落，家境大不如前。为了重振家风，其父亲不惜花费重金，四处搜集颜真卿、柳宗元等人的书法帖子，以便周馥练习，因此，周馥的字倒写得不错。从小耳濡目染，深切地感受到家乡百姓的深重苦难，周馥遂立下了"为黎民谋温饱、为万世开太平"的大志。

周馥选择了坚持自己的理想，但是他却无法选择自己身处的时代环境，这样一个巨大的反差，是造成周馥戏剧性一生的根源。周馥并不善于考试，科举失败的他遂选择了投笔从戎，参加了李鸿章组建的淮军，做了李鸿章的幕僚。很快，周馥便凭借其过人的才智和高洁的品性，得到了李鸿章的赏识和器重。

同治元年（1862年）夏，太平军围困上海，曾国藩遂奏请朝廷，让李鸿章出战，支援湘军。不久，李鸿章署理江苏巡抚兼通商大臣，周馥办理文案。第二年，李鸿章便率领军威正盛的淮军向苏州和常州一带的太平军进攻。周馥在这一次会战中立下了军功，李鸿章遂保举他在江苏做了一个知县，官虽然小，但却是周馥踏上仕途的开端。

1867年，李鸿章接替曾国藩做了两江总督，周馥也因李鸿章的保举而做了知府。李鸿章担任直隶总督之时，大水成灾，让他忧心忡忡。无计可施的李鸿章只能调有治水经验的周馥前来，周馥预感到时机成熟，遂满怀信心地前来，堪工备料，"终日奔波于泥之中"，"日夜监工，虽大风雨亦不稍休"，很快便将沟桥大石坝等处的决口堵修完竣，让李鸿章大为满意。

在治河初见成效之后，周馥能干大事、能干实事的印象深深地印在了李鸿章的心目中。为了加强海防，李鸿章在深思熟虑之下，将营建天津新城的计划交给了周馥。周馥幸不辱命，仅仅一年时间，便成功地将天津新城营建完毕，遂在天津发展经济，天津"气象肃然"，"商埠之盛自始起"。更为重要的是，天津新城的建立，为北洋海军的成立奠定了深厚的基础，一个重要的军事基地就此建成。

光绪三年（1877年），周馥署永定河道，此后二十余年，一直在直隶为官。对于水患，周馥深知其害："河十年八九决，每塞决费多或二三十万，少亦十余万，豁粮办赈又数万，历任直督苦之。"在他的治理下，河水水患大为减轻。有鉴于其才华，两江总督沈葆桢邀请他在江苏任职，但他却铁了心要跟着有提携之恩的李鸿章："李相国待我最厚，我既出山，安可无端弃北而南也。丈夫出处，惟义是视，何计利害。"光绪七年（1881年）四月，周馥顺理成章地做了海关道台，全力协助李鸿章组建北洋海军。

与此同时，周馥也经常跟随李鸿章参与一些外交事务。1881年12月，他便随同李鸿章、马建忠与美国提督薛斐尔商定朝美通商条约，此约稿便是出自周馥的手笔。他在约稿中坚持"朝鲜乃中国属邦"的立场，只可惜美国拒不承认，而清政府的腐败无能使这次谈判失败。每次想起这件事情，周馥都悔恨不已。

中法战争期间，周馥作为李鸿章的专员负责在渤海湾海口一带加强防务，让法军感到处处掣肘。光绪十年（1884年），周馥又会办电报局事务，搭建北塘至山海关的电报线。第二年夏天，又主力筹建天津武备学堂，"开创中国创办武备学堂之始"。不久，总理海军事务的醇亲王奉旨巡阅北洋海防，李鸿章放心地将一应接待事务交给了周馥全权处理，醇亲王甚为满意，遂保奏周馥以按察使留直隶补用。

光绪十四年（1888年），周馥升任直隶按察使，奉委会同军统领丁汝昌等议订《北洋海军章程》，此后一直参与北洋海军的营建工作，在随同李鸿章视察北洋海军之时，曾于私底下向李鸿章说："北洋用海军费已千余万，只购此数舰，军实不能再添，照外国海军例不成一队也。倘一旦有事，安能与之敌。"

周馥认为，如今朝中许多掌权人物都是百无一用的书生，不懂军事不说，而且还鼠目寸光，必然会反对增加军费，到时候如果打仗不胜，北洋定然会承担别人的责难，"不若乘此闲时，痛陈海军宜扩充，经费不可省，时事不可料，各国交谊不可恃，请饬部枢通同速办"。"言之而行，此乃国家大计，幸事也；万一不行，我亦可站地步。否则，人反谓我误国事矣。"

李鸿章深知其中的艰难，无奈哀叹："此大政须朝廷决行，我力止于此，今奏上必交部议，仍不能行，奈何！"此番李鸿章顾虑甚多，周馥的建议被束之高阁。甲午战争爆发后，周馥的忧虑终一语成谶。

甲午战争其间，周馥积极活动，为李鸿章出谋划策，并负责前敌运务。虽然他竭尽心力，但无力回天，最终还是难以避免甲午战争的大败局。忧思成病的周馥回到了天津，一应事务都交给了袁世凯处理。至《马关条约》签订，周馥伤心之余，"自请开缺"，到老家养病。多年努力，随着这次战败而流于浮云，周馥只能悲愤地写道：

岂真气数力难为？可叹人谋著著迟。
自古师和方克敌，何堪病急始求医。
西邻漫恃和戎策，东海宁逢洗辱时。
蠢尔岛夷何负汝？茫茫天道意难知。
十载经营瞥眼空，敢言掣肘怨诸公。
独支大厦谈何易，未和阳春曲已终。

光绪二十四年（1898年）十月，李鸿章致电周馥"赴山东襄黄河工程"。次年，慈禧准备启用周馥为河督，只可惜有人阻挠，没有成功。当李鸿章知道朝廷并没有对周馥委以重任时，不禁愤怒道："吾推毂天下贤才，独周君相从久，功最高，未尝一言，仕久不迁。今吾年老，负此君矣。"足见李鸿章对周馥的器重，只可惜不在其位不谋其政，他只能凭借昔年朝中的关系，保举周馥去四川上任。直到义和团运动爆发，八国联军侵华，李鸿章才得以抓住直隶藩司迁雍被联军杀害的时机，奏调周馥为直隶藩司，负责"办理京畿教案"。

一年之后，对周馥一生有伯乐大恩的李鸿章病危，"比至，相国已著殓衣，呼之犹应，不能语，延至次日午刻，目犹瞠视不瞑。我抚之哭曰：'老夫子，有何心思放不下，不忍去耶？公所经手未了事，我辈可以办了，请放心去罢。'忽目张口动，欲语泪流。余以手抹其目，且抹且呼，遂瞑，须臾气绝。余哭之久，不能具疏稿"。李鸿章的去世，让周馥悲痛不已，只能咏诗一首权作缅怀："吐握余风久不传，穷途何意得公怜。偏裨骥尾三千士，风雨龙门四十年。报国恨无前箸效，临终犹忆泪珠悬。山阳痛后侯芭老，翘首中兴望后贤。"

光绪二十八年（1902年）四月，周馥升任山东巡抚，并加兵部尚书衔。国家衰微，山东也是遍体鳞伤。在甲午战争时，德国乘机强租胶州湾，未经清政府允许便修建了胶济铁路，沿路矿山成为了德国的财产。周馥到任后，坚决抵制德国的侵略行径，最终迫使德国撤去沿路驻兵，将矿山归还。两年之后，周馥署两江总督兼南洋大臣。光绪三十二年（1906年）七月，调任闽浙总督，尚未到任就因为两广一带罪犯猖獗，遂调补两广总督。到任之后，周馥才发现，当地局势比之想象的要更为严峻，不仅有海盗水贼，就是岸上居民，也大多聚赌成性，走私成风，历任总督巡抚都对之睁一只眼闭一只眼。

周馥眼见于此，下定决心，治乱世，用重典。岂料还没有收到成效，清政府皇族内阁的丑闻就爆发了，大失人心的清政府即将分崩离析。张之洞等人被慈禧紧急调到京师，周馥则被迫告老还乡。此后十余年，天下纷争四起，在深刻的忧思和深沉的忧患中，周馥走完了最后的时光，于1921年病逝于天津寓所，享年84岁。

第六章
封建挽歌，新世界崛起

洋务运动的失败，戊戌变法的终止，标志着封建王朝想要以自我改良的方式迎合世界潮流的梦想彻底破灭。中国的封建社会，在历经了2000多年的风雨之后，已经到了不可逆转的最后时光，清末政府的那些努力，终成为徒劳。随着光绪皇帝与慈禧太后相继离世，大清王朝挣扎了3年之后，在一片革命的浪潮中轰然倒塌。历史，又掀开了全新的一页。

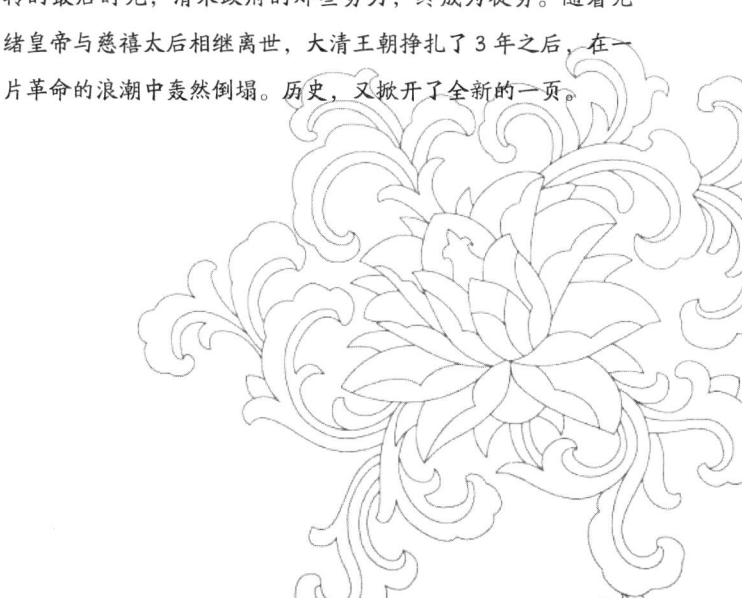

袁大头火了

在清末的新政推行过程中，袁世凯是一个绕不过去的人物。他以李鸿章的继承人自诩，在晚清政坛上发挥了重要的作用，从甲午战争登上历史舞台开始，戊戌变法、义和团运动、晚清新政乃至辛亥革命中，都有他的身影。

袁世凯，字慰亭（又作慰庭），号容庵，河南项城人，出生于咸丰九年（1859年）。袁家算得上是行伍世家，叔祖父袁甲三曾经督办安徽团练，后来做到署理漕运总督，算得上是李鸿章的嫡系；父亲袁保中虽然没有出仕，但也是地方名流；叔父袁保庆也出身行伍，后来做到江南盐巡道。袁世凯自幼就过继给他的叔父为子，随着养父东奔西走，先后在济南、南京等地待过，颇长见识。后来袁保庆早亡，又把袁世凯托付给袁甲三的儿子、时任户部侍郎的袁保恒照顾。袁世凯似乎不爱学习，他17岁和20岁时，两次参加乡试都未取中，从此对科举制度深恶痛绝，但偏偏爱读兵法军书，这也为他后来走上练兵的道路打下了基础。

光绪七年（1881年），袁世凯到山东登州投奔养父的结拜兄弟吴长庆。当时吴长庆是淮军的重要将领，手下"庆军"6个营驻防登州，管理山东防务。他对故人之子自然格外照顾，留袁世凯在营中当了一名会办。

袁世凯的运气不错。他刚刚进入行伍不到一年的时间，当时还是清朝藩属国的朝鲜发生政变，史称"壬午军乱"，朝鲜国王请求清廷出兵。庆军接到这一任务，随即东渡朝鲜，很快平定了政变。在战斗中，袁世凯身先士卒，博得了上至吴长庆，下至普通军卒的好感。战后，吴长庆向清廷极力保举袁世凯，引起了清廷的重视。是年，年仅23岁的袁世凯作为"通商大臣暨朝鲜总督"身份留驻朝鲜，协助朝鲜训练新军并控制税务。袁世凯在朝鲜一待就是12年，这期间他有效地控制了朝鲜，抵制了日本和沙俄对朝鲜的影响。直到甲午战争爆发，清廷失去了对朝鲜的控制，袁世凯才回到天津。战争的失败并没有影响他的仕途，李鸿章等人又保举他操练新军。

光绪二十一年（1895年），袁世凯在天津小站练兵，名为"新建陆军"。由于练兵有方，袁世凯声名日显，不久被擢升为直隶臬台，仍然主持练兵。袁世凯的转折点正是戊戌变法，由于他可耻地出卖了谭嗣同等人，从而获得了慈禧和荣禄的重视，甚至署理了几天直隶总督，并被赐予紫禁城骑马的殊荣。不久，袁世凯又调任山东巡抚。由于他大力镇压义和团，并加入东南互保，博得了洋务派官僚和洋人的一致肯定，义和团以后的袁世凯已经成为清廷最重要的方面大员之一。

袁世凯深谙为官之道。荣禄死后，庆亲王奕劻领班军机大臣，成为慈禧身边最为受宠的人，慈禧对他几乎是言听计从。奕劻贪财，袁世凯便投其所好，赠以大量白银。所谓投桃报李，奕劻对袁世凯自然也是加意照顾，甚至让自己的儿子载振和袁世凯结为八拜之交。

袁世凯虽然厉害，但正所谓恶人自有恶人磨，在同时期和他并驾齐驱的重臣，还有另外一人，便是岑春煊。

岑春煊也是将门虎子。父亲岑毓英在咸丰六年（1856年）时统率乡勇赴云南助剿回民起义，逐渐由县丞晋升至知府，最后做到云贵总督之职。岑春煊年幼时在京城居住，但并没有一般纨绔子弟的习气。甲午战争时，时任太仆寺少卿的岑春煊奉命出关视察。岑春煊不畏艰苦，顺利完成了使命，后来又带兵在山东一带布防，抵御日军进攻。这使他在满朝文武心目中留下了很好的印象，不久被提拔为广东藩台。

在广东藩台任上，岑春煊和两广总督谭钟麟起了冲突。原来谭钟麟久居其位，难免有贪污受贿之事，历任官员都不敢管，只有岑春煊自恃为官清正，非要和谭钟麟大闹一场。结果，政治资格尚浅的岑春煊被调为甘肃藩台。

不过，这一调任反而让岑春煊迅速飞黄腾达。自义和团运动失败后，慈禧、光绪等人"西狩"，号召各省方面大员调兵护驾。岑春煊抓住这个机会，带了千余人赶到昌平，护送慈禧等人一路前往西安。在路上，岑春煊竭力表现，不仅和李莲英相交甚欢，还得到了慈禧的赞许。慈禧回銮北京之后，提拔岑春煊为山西巡抚，后又提拔为两广总督。岑春煊在任上大力惩治贪腐，频频参劾官员，时人号为"官屠"。

岑春煊如此大张旗鼓的作为，引起了庆亲王的不满，因为岑春煊所参奏的官员中，很多是经庆亲王之手买官就任的。如此一来，庆亲王便与袁世凯合谋要排挤岑春煊。

光绪三十二年（1906年），庆亲王借口云南边境不宁，调岑春煊为云贵总督，两广总督则由袁世凯的亲家周馥接任。岑春煊一眼就看出来庆亲王的诡计，因此他推脱连年戎马战争，体弱多病，转道上海，一待就是大半年。无可奈何的庆亲王只好把四川总督锡良改了云贵总督，又命岑春煊改任四川总督。

正在这时，朝廷进行的新政又出了变故。由于新官制案的规定，军机大臣中有四人将退出军机处。受此影响，庆亲王和袁世凯的势力受到了削弱，而反对他们的势力则占了上风。反对派军机大臣瞿鸿禨平素就与岑春煊交好，此时便写信请岑春煊入京觐见慈禧，趁势扳倒庆亲王和袁世凯。岑春煊见信大喜，遂假意赴四川就职，乘船从长江逆流而上。

对于庆亲王而言，只要不让岑春煊见到慈禧，事情就好办。岑春煊自然也知道这一点，为了绕开庆亲王的阻挠，他走了很妙的一步棋：船到湖北汉口，忽然电奏朝廷，说要入京觐见，随即坐火车入京。这一迅雷不及掩耳的做法打乱了庆亲王的部署，岑春煊顺利到达北京，并且和慈禧、光绪谈了很久。自然，岑春煊结结实实地给庆亲王和袁世凯说了不少坏话，把他们贪赃枉法、卖官鬻爵的事情一一上奏给慈禧。慈禧自然十分不满，同时又对岑春煊格外倚重。

朝中的政治气氛已经对庆亲王和袁世凯很不利了。慈禧提拔岑春煊为邮传部尚书，使其能够直接参与中央政务。尚未上任的岑春煊随即参劾了邮传部侍郎朱宝奎，理由是其"声名狼藉，操守平常"，而慈禧居然准奏。受到鼓励的岑春煊继而向慈禧连连保举盛宣怀、郑孝胥、张謇等人。

庆亲王和袁世凯已经被逼入了绝境，只能破釜沉舟，拿出最毒辣的招数来对付岑春煊了。慈禧最痛恨的就是康梁等维新派人士，庆亲王和袁世凯自然也知道这一点，便决定从此进攻。

不久，庆亲王借军机与慈禧商量军国大事之时，单独向慈禧密奏，极力将瞿鸿禨和岑春煊描绘成同情康梁一党的人士，并污蔑他们所保举的人都是维新党人，这极大地刺激了慈禧。袁世凯随即又假造了一张岑春煊与康有为、梁启超等人的合影。慈禧见了，立刻怒不可遏，把岑春煊外放为两广总督，又借故将瞿鸿禨免职。

还蒙在鼓里的岑春煊不明就里，便再次祭出了生病的法宝，停留在上海逡巡不进，还希望慈禧重新调他进京。谁知慈禧见他如此，竟然趁势开了他的缺。不久，被认为是反庆亲王的军机大臣林绍年也被外调为河南巡抚。至此，瞿鸿禨和岑春煊可以说是一败涂地，而庆亲王和袁世凯取得了全面的胜利，朝中再也没有和他们作对的政治势力。这一场政治风波，史称"丁未政潮"。

换汤不换药地玩新政

光绪二十六年（1900年）底，《辛丑条约》尚未签订，八国联军还在中国的国土上肆虐的时候，驻留在西安的慈禧忽然以光绪帝的名义发布了一道"预约变法"上谕，上谕中提到："大抵法积则敝，法敝则更，要归于强国利民而已。取外国之长，乃可补中国之短；惩前事之失，乃可做后事之师"，"事穷则变，安危强弱全系于斯"。上谕还要求朝廷百官、驻外使节、各省督抚等各抒己见，提出革新意见。

这道诏令一下，舆论大哗，没想到慈禧太后竟然也要实行新政。一时间朝野内外之人各怀心事，关注着政局的进一步发展。毕竟此时与洋人的和谈还没结束，大清的未来还难以判断。

然而慈禧似乎已经笃定了想法，于光绪二十七年（1901年）三月初三下令成立了督办政务处，由庆亲王奕劻、李鸿章等人负责。上谕称，这一机构的设立是为了"变通政治，力图自强"，全面统筹规划新政的落实工作。

此后朝廷又数次发布上谕，再三申明"变法"对清帝国的重要性。在8月20日颁布的上谕中居然有这样的话:"变法一事,关系甚重……朝廷立意坚定,志在必行。""尔中外臣工,须知国势至此,断非苟且补苴所能挽回厄运,唯有变法自强,为国家安危之命脉,亦即中国民生之转机。予与皇帝为宗庙计,为臣民计,舍此更无他策。"

晚清的第三次,也是最后一次变法运动——新政,就这样在众人惊疑不定的目光中开始了。

经过戊戌变法和庚子事变之后,慈禧逐渐认识到尽快变法对于清帝国的意义。在戊戌变法的时候,慈禧并未对变法的内容加以反对,只是对康、梁等维新派借助外国人的势力推进维新这一点甚为不满;但在百日维新失败以后,随着整个政局的极端保守化,变法一事就无从谈起。然而八国联军的入侵,将所有的保守派打得粉碎,这样维新变法的最后阻力也消失了,而且在洋人的步步紧逼下,慈禧意识到了只有从政治体制上也学习西方列强的那一套,才有可能和外国人"益加修睦,悉泯前嫌"。

张之洞和刘坤一很快就响应了慈禧的号召,于五六月间联名发出了三个奏折要求变法,内中详细叙述了变法的步骤和具体做法,史称"江楚会奏变法三折"。他们指出,首先要"育才兴学",开办"文武学堂",并且废除八股考试制度和武科考试,并奖励对外国留学;其次,要"采用西法",比如用洋法练兵、开展览会、铸银元、发印花税票等。看到这个奏折,慈禧自然开心,朱批"按照所陈,随时设法,择要举办"。

无论如何,慈禧的新政开始轰轰烈烈地发动起来。在最初几年间,慈禧主要做了如下几件事情:

第一，鼓励私人兴办工业，并给予一定的奖励。光绪二十九年（1903年）清廷成立商部，负责管理工矿业和铁路，后来又分管农业，由奕劻的儿子载振担任尚书。载振之前曾经被公派出国到欧美各国以及日本考察，对资本主义工商业也算略有所闻。载振就职后制定了一部《奖励公司章程》，改变了以往官督商办，将工业资本控制在官方手中的做法。不过这一章程效果实在有限，仅仅是对投资兴办公司的商人根据投资额的多少赏以不同的官衔，真正降低关税、保护产权等能够切实激起资产阶级投资兴趣的措施则一点也没有。

第二，废除科举考试制度，兴办新式学校，提倡出国留学。从光绪二十八年（1902年）起，清廷就开始逐步废除科举考试制度，先是大力要求各省选派学生赴西洋各国学习专科，第二年又颁布了学生章程，规定了在各级学堂毕业者，同样可授予贡生、举人、进士的头衔，并且通过科举考试者还要进入京师大学堂继续学习。光绪三十一年（1905年），以袁世凯为首，湖广总督张之洞、两广总督岑春煊、两江总督周馥附议，奏请停止科举，推广学校。清廷批准了这一奏议，下谕旨从第二年开始，停止所有乡试、会试和各省岁试，历经千年、屡有变更的科举制度，就这样被废除了。

第三，改革军制，将旧式的绿营、兵勇逐步遣散，代之以新建陆军。光绪二十九年（1903年），清廷成立了练兵处，由奕劻主管，但实际负责人是时任直隶总督的袁世凯。袁世凯早年就有在天津小站练兵的经验，对此自然得心应手。光绪三十一年（1905年），北洋军编成，共6万余人。北洋军采用了德国的陆军建制，将陆军分为步兵、骑兵、炮兵、工兵、辎重等不同兵种，并分设左右两翼，每翼有若干营。此外，还配备新式武器，采用"洋操"练兵。后来，袁世凯的练兵之法逐步推广到全国，各个省份先后都成立了"新军"。不仅如此，各省还设立了武备学堂，并从光绪三十年（1904年）起，每年选送百余人到日本学习军事。

早在《江楚会奏变法三折》中，张之洞和刘坤一就提及学习日本，推行君主立宪制，但当时尚未有太多人响应。新政推行几年后，这一看法得到了越来越多人的支持。从光绪三十年（1904年）起，先后有数名方面大员上奏要求朝廷进行政治体制改革，实行立宪政体。

在这些重臣的压力下，光绪三十一年（1905年），慈禧听从袁世凯的意见，派遣"考察政治大臣"五人出使西洋，实地调查各国宪政情况。不过，五人刚到火车站就被革命党人吴樾的人体炸弹炸死，此事只得推迟。半年以后，清政府又成立了"考察政治馆"，为立宪改革提供智力支持和理论依据。同时，考察政治大臣们分为两批再次出发了。半年之后，考察团先后回国，写成了大量文字报告，陈立宪之种种好处。其中，几位满族亲贵也对宪政持拥护态度，这极大地影响了慈禧的决定。

光绪三十二年（1906年），慈禧颁布谕旨，决定"预备仿行立宪"。预备立宪的工作紧锣密鼓地准备了起来。第二年，将考察政治馆改为宪政编查馆，由奕劻亲自负责；又成立了资政院筹备处。与此同时，全国各地也纷纷成立立宪公会，准备迎接立宪。光绪三十四年（1908年），千呼万唤始出来的《钦定宪法大纲》和《逐年筹备事宜清单》终于颁布了，与此同时还颁布了"臣民权力义务""议院法要领""选举法要领"三个附录。文件中的君权色彩虽然仍旧浓得化不开,但也体现了三权分立的原则,对现代公民的权力和义务都做了规定和限制。文件还决定,第二年实行地方咨议局和中央资政院选举,并以 9 年的时间筹备宪法。从此以后,整个中国急速地走上了宪政国家的探索之路。

可惜的是,就在这一年,光绪和慈禧先后去世,而后来的接班人未能忠实地执行慈禧的立宪政策,使对清廷还抱有一丝希望的立宪党人们大失所望。

文界也不让人省心

当睁眼看世界的钟声敲响,中国近代一大批知识分子开始走向外国,而他们留学最为青睐的国家,便是日本。

光绪二十四年(1898年),维新变法失败后的梁启超流亡日本,并且逐渐接受了日本的革命含义,脱离了原本汤武革命的传统范畴。正是在这样的环境下,让这个深感中国文化之不兴、明智未开需要唤醒民众的文坛巨匠,在光绪二十五年(1899年)提出了"诗界革命"。

梁启超,同治十二年(1873年)出生于广东新会,字卓如,号任公,又号饮冰子、哀时客、中国之新民、饮冰室主人、自由斋主人等。纵观鸦片战争后的半个世纪历史,梁启超的崛起无疑代表了当时社会最为先进的呼声。

从小,梁启超便在家中接受着传统教育,同时也无可避免地接触到一些因为列强入侵而带来的西方文明理论,因而形成了较为独特的历史视角和较为深邃的思想认识。光绪十五年(1889年),时年26岁的梁启超中举,并于次年赶赴京师参加会试,只可惜最终名落孙山。然而，失之东隅、收之桑榆，正当梁启超准备回到广东之时，在上海看到了《瀛环志略》和上海机器局所译的西方著作，自此眼界大开。后来，他更结识了当时以学问博通中外而闻名天下的康有为，遂拜在了康有为的门下。

在政治上失败的梁启超，只能寄希望于在文化上有所突破，遂加紧在文化上进行宣传，文学改良运动就此展开，而诗界革命和小说界革命便是文学改良的两个重要方面。

所谓诗界革命，就是在作诗上一定程度地效法西方，恰如梁启超在《夏威夷游记》中所说："欧洲之语句意境，甚繁富而玮异，得之可以陵轹千古，涵盖一切。"因而，梁启超要求自己"竭力输入欧洲之精神思想，以供来者诗料"。康有为也深以为然，认为"新世瑰奇异境生，更搜欧亚造新声"。

然而，梁启超也存在一定的守旧思想，而且还坚持所有一切都必须和旧风格相互协调，否则便会不伦不类。为了能够将诗界革命推向高潮，梁启超积极借助音乐教育的力量，尤其是军歌。梁启超对此盛赞有加，认为其为"诗界革命之能事至斯而极"，精神雄壮活泼、沉浑深远。之所以得出这样的结论，一方面固然是因为诗界革命的需要，另一方面则是歌词创作的风靡，尤其是黄遵宪写下的《军歌》《幼稚园上学歌》等"新体"诗，给了梁启超很大的震动。

光绪二十九年（1903年），《江苏》杂志开辟专栏，发表了几首歌词，被梁启超视为"中国文学复兴之先河"。并且梁启超还认为，音乐和有韵之文的结合，历来是中国传统文化的一部分，只可惜随着清军入关，这个传统被中断，国民从此失去了文学的熏陶。如今恰逢3000年未有之大变局，有志者当奋发有为，"调和之以渊懿之风格，微妙之辞藻"，造就东方中国的莎士比亚和弥尔顿。

早在一年前，梁启超便创办了《新小说》，黄遵宪便建议刊物上发表的诗歌，"斟酌于弹词、粤讴之间"，或三言，或五言，或七言，或九言，或长短句，名之为杂歌谣。梁启超欣然接受，并且连续发表了《爱国歌》《新少年歌》《粤讴·新解心》《新粤讴》等歌词，梁启超赞美这些作品为"芳馨悱恻，有《离骚》之意"，而其作者则是"文界革命之骁将"，在一定程度上改造和利用了民间歌谣体。

随着时代的发展和时局的变动，对于诗界革命，梁启超也提出了新的主张，如"以旧风格含新意境"。梁启超在其《夏威夷游记》中写道："欲为诗界之哥伦布、玛赛郎，不可不备三长：第一要新意境，第二要新语句，而又须以古人之风格入之，然后成其为诗。"同时，在其《饮冰室诗话》中也提到："革命者，当革其精神，非革其形式。吾党近好言诗界革命，虽然，若以堆积满纸新名词为革命，是又满洲政府变法维新之类也。能以旧风格含新意境，斯可以举革命之实矣。"

在梁启超看来，诗界革命前期形式主义较为严重。而后期，更加偏重"新意境"，诗歌开始脱离了政治宣传品这个范畴，成为了一个艺术的项目，返回了其本质所在。所谓"革其精神，非革其形式"，虽然促进了文化的传播和国人视野的增长，但也存在一定的片面性。而在政治上，以梁启超为代表的改良派在政治上逐渐走向了堕落，诗界革命也不再是一面旗帜，反而成为他们对付资产阶级革命派的武器。资产阶级革命派也妄图"别创一宗"，诗界革命就此销声匿迹。

而与诗界革命同时进行的，则是蜚声中外、影响更为深远的小说界革命。

为何要掀起小说界革命？梁启超在《论小说与群治之关系》中提出了一个著名论断："欲新一国之民，不可不先新一国之小说。故欲新道德，必新小说；欲新宗教，必新小说；欲新政治，必新小说；欲新风俗，必新小说；欲新学艺，必新小说；乃至欲新人心，欲新人格，必新小说。何以故？小说有不可思议之力支配人道故。……故今日欲改良群治，必自小说界革命始；欲新民，必自新小说始。"此后，梁启超又在《告小说家》一文中声称："今后社会之命脉，操于小说家之手者泰半。"于是，小说界革命的动因出现，并且逐渐兴起。

在流亡日本期间，梁启超发现了小说特别是政治小说的积极效用："于日本维新之运有大功者，小说亦其一端也。明治十五六年间，民权自由之声，遍满国中。于是西洋小说中，言法国、罗马革命之事者，陆续译出；有题为《自由》者，有题为《自由之灯》者，次第登于新报中。自是译泰西小说者日新月盛。……翻译既盛，而政治小说之著述亦渐起，……著书之人，皆一时之大政论家，寄托书中之人物，以写自己之政见，固不得专以小说目之。而其浸润于国民脑质最有效力者，则《经国美谈》《佳人奇遇》两书为最云。"可见，梁启超不仅发现了小说可以"浸润于国民脑质"，也总结出了小说界革命的具体步骤，即先翻译，后创作，继而又翻译又创作。

光绪二十八年（1902年）十月，在积聚了充足的写小说经验之后，梁启超开始在日本横滨创办《新小说》杂志。此谓小说界革命的开始。在此后的小说界革命中，梁启超积极倡导小说对社会改革和进步的积极意义，可以和经史、语录、律例相提并论。千百年来，中国都有着鄙薄小说的传统偏见，经过梁启超的一番运作，小说的地位顿时上升了不少。与此同时，梁启超积极地研究小说，认为小说有很多独特的艺术特点，如"浅而易解""乐而多趣"，甚至还有支配人道的艺术感染力。最后，梁启超将小说界革命重新回归到社会改革上，将小说的范畴引入了反映社会现实，揭示社会现状上。由是，梁启超小说界革命的号召产生了巨大影响，繁荣了新文化。

当然，站在进步的立场上，也应该意识到，梁启超所谓的小说界革命，主要还是为了改良社会，而非纯粹的艺术追求。

光绪的死亡之谜

光绪三十四年十月二十一日（1908年11月14日）傍晚，光绪皇帝于紫禁城中南海的瀛台涵元殿驾崩。第二日未刻，慈禧太后亦于故宫仪鸾殿病逝。在两日时间内，二人双双毙命。因为二人生前的恩恩怨怨，不得不让人怀疑，莫非光绪帝之死还有什么没有解开的秘密？

光绪之死，有三个疑点：

首先，光绪死得突然，但却是静悄悄的。在光绪驾崩之时，身边竟然没有一名亲属和臣子，甚至连个太监都没有。

在光绪死前的一段时间内，他的身体确实不好，然而，这个病根应该是从小便落下的。光绪三十四年初，光绪帝第一次患病，御医诊断的症状为：阴阳两亏，标本兼病，胸满胃逆，腰胯酸痛，饮食减少，气壅咳喘，益以麻冷发热，精神困惫，夜不能寐。

一来，从医学角度分析，光绪的病，无非是个呼吸道疾病，虽然身体虚弱，且夕之间，还不至于有生命之危。二来，从光绪个人角度分析，他的心情还很轻松，并没有感到自己的病情会致人死亡。正所谓人之将死，其言也善，如果光绪帝真的有预感自己死期将近，大概会抓紧时间料理后事吧。但直到他死后，连个陵寝都没有选择好，弄得群臣手足无措。

其次，光绪之死和慈禧之死，实在让人难以相信是巧合。

就在光绪驾崩消息传出的第二天，慈禧仙逝的消息也传了出来，顿时天下震动，中外皆疑。光绪帝年纪轻轻，竟然死在了慈禧的前面，而且前后相差不过一天，说是巧合，怕没有几个人相信，说是处心积虑的谋害，却也证据不足。于是乎，各种流言四起。想到自维新变法开始，二人便长期处于矛盾状态，光绪甚至一度处于慈禧的软禁下，如此特殊的政治背景，加上慈禧的个人秉性，让人有充分的理由相信，光绪之死和慈禧有着莫大的关联。

再次，慈禧在此前的政治布局。就在光绪死前的一天，溥仪从醇亲王府被接进紫禁城，同时，醇亲王被封为摄政王。光绪帝一死，慈禧太后的寝宫仪鸾殿中便传出了懿旨，立溥仪为嗣皇帝，命摄政王载沣为监国。根据清代最重要的官方典籍《清德宗实录》记载，慈禧太后通过光绪皇帝，向内阁发布了两道谕旨，其一，钦奉慈禧端佑康颐昭豫庄诚寿恭钦献崇熙皇太后懿旨，醇亲王载沣之子溥仪，在宫内教养，并在上书房读书。其二，钦奉皇太后懿旨，醇亲王载沣授为摄政王。

似乎慈禧已经预料到了，光绪帝即将死去，这一切都是在为他的死做准备，而且布局环环相扣，决然能够避免一场因帝王驾崩而引起的政治动乱。光绪帝被圈禁，对于这一切丝毫不知，反而向全国督抚颁布命令，在民间访求名医，为自己治病。由此而观之，光绪莫非就是慈禧所害？

在徐珂所编著的《清稗类钞》和晚清御史、光绪的近臣恽毓鼎的《崇陵传信录》中，极力宣扬了光绪为慈禧所害的论断，认为慈禧当时也病危，她在预感到自己行将就木之后，害怕将来光绪亲政，会推翻她所有的政策，平反她一手制造的冤假错案，继而损害她的名誉，于是，派人在光绪的饮食中下毒，将他毒死。

而溥仪在《我的前半生》中则称，光绪之死，全系袁世凯所为。众所周知，当初维新变法之时，正是因为袁世凯的叛变，才导致了变法的失败。光绪帝最痛恨之人，莫过于他。只是当时袁世凯权倾朝野，光绪帝受制于慈禧，只能等到亲政后，才能够有实力对付他。于是，袁世凯先下手为强，趁着送药的机会，将光绪帝毒死。

此外，还有人认为，光绪之死，慈禧并不知情，一切不过是慈禧的座下大太监李莲英在捣鬼。如英国人濮兰德·白克好司的《慈禧外传》和德龄的《瀛台泣血记》就记载称，李莲英在慈禧身边是红人，仗着慈禧的宠信，对光绪百般无理。眼见慈禧病重，李莲英遂担心光绪亲政后会彻底清算自己，于是，他便借着慈禧的名义，将光绪谋害。

光绪被毒杀的消息，就这样不胫而走。明暗相生，正反相依，就在光绪被毒死之说风传之时，很多史籍则记载光绪纯属自然病死。如《苌楚斋三笔》卷六称，早在光绪三十四年二三月间，光绪帝久病未愈，早入膏肓，是时肝气大发，以手扭太监顶戴，以足踢翻电灯，情势日及。在《光绪朝东华录》《德宗实录》《清史稿·德宗本纪二》等正史中也提到，光绪久病不治而死。就连亲自为光绪治病的名医杜钟骏，也在其所著的《崇德请脉记》中从脉象、病状、用药等角度，论证其属于正常死亡。

毒死和正常死亡两种争论，一直持续百年，谁也不服谁，及至大清国已灭亡的今天，研究者得以肆无忌惮地研究光绪之死，唯一的突破口，就是在堆积如山的清宫档案中去寻找答案。

从这些档案中，研究者得出了两点结论，第一，光绪从小体弱多病，自幼失于调养。第二，成年之后的光绪，不仅体质没见好转，而且还有腰背酸沉等现象。到光绪二十六年（1900年），光绪皇帝的疾病不断恶化，病已入五脏，气血双亏。到了光绪临终前半年，已经是病入膏肓，宫中御医无药可施，光绪帝只能请民间医生前来诊治。

除了生理上的疾病，光绪帝的心理上也笼罩着巨大的阴影。光绪成婚之事便由慈禧一手包办，将自己的侄女嫁给他做皇后，而光绪真心喜欢的珍妃，却遭到慈禧的严惩，在八国联军侵华其间，命令太监崔玉贵把珍妃推到宁寿宫外的井中害死。本来光绪的心情就很压抑，而他精神上的最后寄托也被谋杀，光绪一时间精神崩溃，旧病复发，从此一病不起。由此而观之，慈禧即使不是杀死光绪的直接凶手，却也难辞其咎。

近年，清西陵文物管理处在清理崇陵地宫时，发现光绪遗体完整，无刃器伤痕。通过化验，发现光绪死于砒霜中毒。此结论一出，天下震动。

慈禧之死

到了光绪三十四年（1908年），74岁高龄的慈禧进入皇宫已有58年，对大清的统治已有48年。十月，慈禧因年纪大了，体力不支，精力也明显不够用了，此时她也不免有些担心，于是千方百计保养，但尽管如此，她还是病倒了。

她在病倒之后，尽管想不到自己的寿命不久了，但自知年纪大了，既然病倒就十分不利。所以，她一方面依然将朝廷权力握在手中不放，直到死前的最后一刻；另一方面必须得考虑自己的身后之事，做一些安排。

慈禧在病重期间，做出了一个重要的决定，就是将醇亲王载沣将近3岁的儿子溥仪迎入宫中。光绪去世之后，慈禧就在朝廷内外宣示溥仪为入关后第十代皇帝，这是慈禧所立的第三个傀儡皇帝。

在立溥仪登基即位之前，慈禧就下了一道懿旨，曰："现值时事多艰，嗣皇帝尚在冲龄，正宜专心典学，著摄政王载沣为监国，所有军国政事，悉秉承予之训示施行，俟嗣皇帝年岁渐长，学业有成，再由嗣皇帝秉裁政事。"这充分表明，慈禧虽然立了皇帝，但她绝不放弃手中大权,哪怕一点点。

这年十月二十二日,慈禧太后正在中南海仪鸾殿的御榻上静卧养病。几天来,慈禧的病情加重了,而且是明显加重,御医们绞尽脑汁,用尽医术为她治疗,但也无济于事,应诏赴京的全国各地名医也轮着为慈禧诊断、治疗,开出许多方子,但慈禧的病情却日益严重。

慈禧出生在大清帝国中衰之际。西方资本主义列强对东方的富庶很感兴趣,更想吞掉中国这块土地。他们极力用各种方式来撬开中国的大门。在慈禧6岁那年,英国发动了鸦片战争,中国的大门被"隆隆"的炮声打开了。列强涌了进来,眼看大清政府面临着危亡。她在宫中正受咸丰宠幸的时候,洪秀全在南方闹起了太平天国革命。没有多久,英法发动了第二次鸦片战争,咸丰内外交困,逃入热河避难。在一个集权专制的政体下,最高统治者皇帝重色轻政,为所欲为,手中的大权自然就会失去。在咸丰纵情声色、不问政事的情况下,肃顺等人想乘机篡权,后妃不甘受人指使,与奕䜣联合,最后使肃顺大败,慈禧垂帘听政,步入了政治舞台。她与慈安、奕䜣制定了对洋人妥协、集中全力镇压太平天国革命的政策,终于外揖洋人,内平太平天国。由此形成了所谓同治中兴。但时间不长,中法战争中,中国军民齐心协力,镇南关一战大败法军,法国茹费理内阁倒台。慈禧害怕再发大乱,导致别的国家也来干涉内政,因此同李鸿章等人积极鼓吹乘胜即收,与法国签订《中法新约》,造成了不败而败的局面。10年后,中日甲午战争爆发,中国惨败,被迫签订《马关条约》,丧失主权,也大大加深了半殖民化。民众对洋人的侵略十分愤恨,山东闹起了义和团。慈禧采取利用义和团反洋人的策略，招来了八国联军，结果北京被攻陷，慈禧西逃。自《辛丑条约》签订后，中国进入了半殖民地半封建社会，洋人几乎掌握了大清帝国的命运。

慈禧每每回忆到这些，她都怨恨至极点，但她痛恨的不是自己，而是道光与咸丰，更怨恨肃顺、载垣、端华等人。她怨恨上台时就接的是他们的破烂摊子。她更怨恨奕䜣、慈安、光绪、康有为、梁启超、载漪、载勋等人不尽心尽力，导致国家败落。对自己，慈禧本人不但没有怨恨，反而自豪。她曾经说过："我不逊于任何一个男性统治者！"慈禧认为，她接过这样一个破烂摊子，能将大清帝国维持到这种地步已经够可以的了。历史上有几位统治者能像自己这样，统治的时间长达48年，况且又是在内忧外患的情况下，毫无分裂割据局面，她的确为之自豪。也确实是这样，她统治下的大清帝国，终究还算一个统一的国家。

慈禧不但破坏大清祖制垂帘听政，而且将列祖列宗不得重用太监，更不允许他们参政干政的祖训抛到九霄云外，重用起安德海、李莲英等太监，导致他们在朝中胡作非为、权重一时。但是，也许是慈禧在自豪过后又痛心疾首的缘故，她在临终前留下遗言："以后勿再使妇人与闻国政，此与本朝家法有违；尤须严防不得令太监擅权，明末之事可为殷鉴。"

慈禧的殡葬前后，所烧的纸人、纸马、楼库、器皿、松亭、松轿、衣、帽、鞋、履、衾、被、枕、褥等数不胜数。在出殡前两个月，仅仅一次就在东华门外烧掉一只"大法船"。这只船价值十几万两银子，是用绫罗绸缎扎成的。

慈禧的棺材木料，来自于云南的森林，仅运费就花去了几十万两白银。棺材做完后，先用一百匹布缠裹衬垫，然后刷49次油漆。由几千杠夫抬棺，分几十班轮流杠运，每班128人。出殡前，杠夫在德胜门外"演杠"整10天，按照正式送葬的要求，抬着一块和棺材重量相同的大厚板，厚板中心放着满满的一碗水，直练到碗中水不溢时，演练才可停止。

出殡的那一天，送葬队伍声势浩大，旗伞飘扬，在最前面走的是64人的引幡队，举着花花绿绿的万民旗、万民伞。在其后是上千人的法架卤簿仪仗队，举着无数个金瓜、钺斧、朝天镫，刀枪如林，旌旗蔽日。跟在仪仗队后面的是由100多人组成的抬着慈禧的巨大棺材的大杠。皇家规矩特别多，还把棺材装饰成轿的模样，称为"吉祥轿"。跟在棺材后边的是十路纵队的武装兵弁。

从北京到东陵，要走六七天。途中不仅有已设可供食宿休息的行宫，而且每隔一段距离还用高级布匹搭起芦殿、黄幄。这些临时住所，也是金瓦玉阶、金碧辉煌。芦殿是供棺柩暂停用的，它先以黄绸围成内城，又以白绫子围成外城，外城之外，还有一道网城。

慈禧葬礼准备了近一年的时间，花了120万两白银，消耗资金是如此惊人。

一语成谶，大势已去

光绪三十四年（1908年）十一月初九，天气冷得出奇。紫禁城太和殿内钟鼓齐鸣，一派雍雍穆穆的景象。年仅3岁的小皇帝溥仪的登基大典正在举行。然而这次登基大典举行得却是前所未有的荒唐。拥立了新皇上的文武群臣不但没有露出开心的神色，反而一个个忧心忡忡。慈禧和光绪的同时驾崩，还没有让这些大臣们从震惊中清醒过来。登基大典上闹出的乌龙，给这些国家柱石们的心头蒙上了一层阴影。

由于溥仪刚刚入宫，他是怀着恐惧的心情面对这一切的。天气的寒冷也让这个小皇帝早就受不了。他一个人孤零零地坐在须弥宝座上，听着震耳欲聋的皇家音乐，看着一群陌生人在自己的脚下手舞足蹈，三跪九叩，终于再也无法忍受这个场面。

正当登基大典举行得热闹的时候，溥仪突然开始"哇哇"大哭，边哭边喊："我不挨这儿，我要回家！我不挨这儿，我要回家！"说着就要从宝座上跳下来。

溥仪的父亲、议政王醇亲王载沣此时正单膝侧身跪在宝座之下,扶着小皇帝。见溥仪如此折腾,他也不敢动弹,只好死死地压着溥仪。动弹不得的溥仪不断地挣扎,哭喊声越来越响,"我要回家"的声音伴随着盛大的钟鼓声在太和殿内回荡。急得满头是汗的载沣只好连连安慰道:"别哭,别哭,快完了,快完了!"

对于历来迷信的清廷官员而言,这些话实在是不祥之兆。他们交头接耳,窃窃私语:"怎么可以说'快完了'呢?""说'要回家'可是什么意思呵?"

溥仪就这样登上皇位,成为了大清王朝的最后一任皇帝。

由于光绪无子,挑选大清帝国下一任皇帝的重担便又落在了慈禧的肩头。慈禧虽然深知自己已经不能再像从前一样垂帘听政,但她仍然要挑选一位和自己沾亲带故、关系甚近的皇族接替皇位。根据光绪入宫的前例,自然是还要从奕𫍽这一支中选择。

此时奕𫍽早已去世,接替醇亲王爵的是其第五子载沣。慈禧为了笼络载沣,又使出了她熟悉的策略,将宠臣荣禄的女儿认作了养女,并指婚给载沣。本来载沣当时已经定亲,但慈禧坚持如此,他也只得听从。这样,载沣又成了慈禧的干女婿。载沣和这位大小姐生了两个儿子,溥仪和溥杰。慈禧立储的时候,就挑中了年纪稍微大一点儿的溥仪。

不过,有了前车之鉴的醇亲王府并不愿意把溥仪交出去——溥仪的亲叔叔、现在的光绪帝载湉当初也是这么被送进宫去,在宫里活活地被折腾了三十多年,此时马上就要撒手人寰。都说当皇帝有享不尽的荣华富贵,可只有这些天潢贵胄才知道其中的辛酸。

溥仪即位之后,由于年纪太小,载沣掌握了大清朝实际的权力。对于这个两代为帝的家庭来说,所谓树大招风,因此不得不韬光养晦,低调做人。奕𫍽在光绪即位以后,便辞去了全部职务,希望以此远离政治斗争。然而,光绪长大以后与慈禧的对立还是让奕𫍽的处境极为尴尬。一方面,他与荣禄等人甚为友善,最后还结为亲家;另一方面,他和支持光绪的翁同龢等人关系也很不错。为了不让慈禧对他有任何意见,他甚至放弃了所有原则,在督办北洋海军的建设时,挪用经费给慈禧修造颐和园。载沣亦是小心翼翼,明哲保身。朝中大事,几乎都由庆亲王奕劻和其他军机大臣做主,他则摆出一副与世无争的架势。

载沣虽然低调如此,有一件事情他却始终耿耿于怀。他始终认为,如果不是袁世凯关键时刻倒戈,百日维新就不会失败,而光绪也就不会受到慈禧的百般凌辱,最终郁郁而终。因此,他处心积虑要为哥哥光绪报仇。

然而,载沣要想除去实力已经异常强大的袁世凯,几乎是不可能完成的任务。他只能团结一帮年轻气盛却没有任何政治斗争经验的少壮派满族亲贵来筹划此事,然而这一举动却遭到了庆亲王奕劻和张之洞的坚决反对。

据说,当载沣和几位军机大臣碰头,把自己的计划和盘托出时,所有的军机大臣都吓了一跳。庆亲王更是连说不妥。他认为,袁世凯虽然现在已经被夺了军权,但北洋新军都是他的手下,段祺瑞、冯国璋、王士珍等人都是他一手提拔起来的。如果这些人造反,带兵进京,谁挡得住?

最后,万般无奈的载沣只好同几位军机大臣达成妥协,以袁世凯患"足疾"为由,将其免职,令回原籍。载沣自以为从此可以安然无恙,然而过了不久,革命的风暴席卷全国,已经对清廷彻底失望的袁世凯卷土重来，趁势夺取了政权。

大清朝的政局，愈加动荡了。

清政府在推行新政时，定下了预备立宪的计划，由于慈禧的去世，继续推行这一计划的权力交到了载沣的手里。由于这也是光绪遗诏中所关心的事情，载沣并不敢怠慢。宣统元年（1909年），清廷如期举行了各省咨议局的选举；第二年，资政院也告开院。正当全国人民翘首以盼第一任内阁的建立的时候，载沣却做出了一个愚蠢的决定。

宣统三年（1911年），载沣任命了第一届内阁。这一届内阁有13名成员，居然有9人是满族人，而这9人中又有7人是宗室子弟。内阁总理大臣就是军机大臣庆亲王奕劻。除此之外，清廷还宣布，由于内阁制度为首创，为了慎重起见，本届内阁仅根据内阁办事暂行章程成立，具体国务处理还依照原来的政治模式进行。另外，军事方面的问题也不由内阁总理大臣负责，而是由军咨府大臣载涛负责。

由于这届内阁徒有其表，它被立宪党人和革命党人异口同声地讽刺为"皇族内阁"。载沣的决策失误，也让社会舆论大失所望，认为清廷根本无意立宪，既然和平手段无法解决，就以武力夺取之。很多立宪党人从此倒向革命派，革命的暴风迅速席卷了大江南北。

大清掘墓人

早在光绪二十一年（1895年），康有为等人即将在北京发起"公车上书"之时，在香港的一间洋楼上，十几个年轻人也聚在一起成立了一个叫兴中会的组织。和康有为一心要辅佐光绪、实现君主立宪制不同，这个兴中会在创办伊始，就打出了"驱除鞑虏，恢复中华，创立合众政府"的口号。不久，兴中会决定发动一次起义，打算进攻广州，并以此作为继续革命的根据地。可惜由于事机不密，清政府发现并镇压了兴中会，大多数兴中会成员都不幸罹难，只有兴中会的秘书幸免于难。为了躲避清政府的通缉，他剪掉辫子，穿起西服，以"中山樵"的名字流亡到了日本。他就是孙中山。

孙中山原名孙文，于同治五年（1866年）出身于广东香山县翠亨村一个普通的农民之家。孙文5岁时，大哥孙眉背井离乡去夏威夷"淘金"，后来因经营牧场而成为商人，孙家的家境因此好转，而孙中山日后的活动经费也大多来自兄长的支持。

孙中山9岁进入私塾，接受了3年私塾教育。光绪四年（1878

年），12岁的孙中山来到夏威夷，进入当地的意奥兰尼书院学习，孙中山学习成绩优异，熟练掌握了英语，并萌发了对基督教的兴趣。光绪九年（1883年），孙中山进入美国公理会教会学校奥阿厚书院继续就学，由于孙眉担心他沉迷于基督教，故而将其送回家乡。然而，此时的孙中山已完全成为了一个"英年洋派"的人物，他回乡之后不仅捣毁神像，还擅自到香港接受了基督教洗礼，并在香港继续读书。

光绪十二年（1886年），孙中山进入广州博济医院附设医学堂学医，次年转入香港西医书院。孙中山在此学习了5年，香港的市容市貌给他留下了深刻的印象，因此他暗暗下定决心，要在中国推广资本主义制度。光绪十八年（1892年），孙中山以第一名的成绩毕业，之后来往于澳门、广州等地行医。年轻的孙中山爱好畅谈国事，热衷发动革命，推翻清政府统治，时人闻听皆仓皇失色，躲避不及，只有尤列、陈少白、杨衢云等人赞同之，故此四人被称为"四大寇"。

光绪二十年（1894年），孙中山北上天津，向时任北洋大臣的李鸿章上了一封万言书，书中要求变法改革，提出"人能尽其才，地能尽其利，物能尽其用，货能畅其流"的主张，并要求与李鸿章面谈。可惜正在操心中日冲突的李鸿章根本无暇顾及这个28岁的小伙子，拒绝了他的要求。失望的孙中山从此转而走向武装革命推翻清政府的道路。

然而，孙中山等人组织的第一次革命失败了，他的好友陆皓东等人都死在了清政府的刀下，他也成为了清廷通缉的政治犯。孙中山并不气馁，他在日本结识了大量政界要人，并希望借助他们的力量来推翻清廷统治。

光绪二十六年（1900年），八国联军入侵中国，孙中山希望能够再次与时任两广总督的李鸿章见面，说服他趁机自立为总统，脱离清朝统治，但后来却发现这只是清政府为了捉拿他而设下的陷阱。愤怒的孙中山转往台湾，希望在日本的支持下在惠州发动起义，因日方改变主意，起义再次失败。

这之后，孙中山远渡重洋到达美国，希望可以得到海外华侨华人的支持，然而由于康有为的保皇立宪思想早已传播至此，孙中山在美国很是吃了一些苦头。不久他又转向欧洲传播革命思想。1904年，孙中山回到日本，并结识了黄兴。经过交谈，他们决定联合彼此的组织，成立一个正式的革命团体。

光绪三十一年（1905年），在日本人内田良平的协调下，孙中山、黄兴、宋教仁、蔡元培、章炳麟、吴敬桓、张继等人在日本成立中国同盟会，将之前的兴中会、华兴会、爱国学社、青年会等组织合并，由孙中山出任总理。同盟会确立了"驱除鞑虏，恢复中华，建立民国，平均地权"的革命政纲，并发行《民报》作为机关刊物。同盟会首次提出了"三民主义"学说，并以此为武器，与康有为、梁启超等保皇立宪党人展开了激烈的论战。同盟会的建立，标志着中国资产阶级民主革命进入了一个新的阶段。

同盟会建立以后，在孙中山黄兴等人的组织下，先后进行了一系列反对清廷统治的起义。

1907年4月，同盟会员、新加坡华侨许雪秋在孙中山的支持下，组织当地会党的力量发动黄冈起义，占领了潮州饶平县黄冈城。然而，在潮州总兵黄金福的镇压下，会党一战即溃，许雪秋等人只好停止了进一步行动的计划,流亡香港,黄冈起义宣告失败。

同样是新加坡华侨的同盟会员邓子瑜随即在惠州七女湖一带召集三合会的力量起义。这支队伍一度击败了清军,占领数个村庄,并与清军的巡防营交战十数日,但由于黄冈起义的失败,这支队伍也自行解散了。

这两次起义失败后不久,孙中山又在钦州、廉州一带发动了一次起义,这次起义依赖的是当地会党首领王和顺的力量。7月下旬,王和顺攻占防城县。然而在与当地清军接触的过程中,王和顺却把希望寄托在说服清军"反正"上,结果计划失败,心灰意冷的王和顺也解散了队伍,只身逃至越南,钦州廉州起义再次失败。

不久,孙中山又转移到镇南关一带活动。他通过曾经参加过清军的黄明堂、关仁甫等人收买了一些镇守镇南关的清军。12月2日,革命军夜袭镇南关,一举攻下镇南、镇中、镇北三座炮台,孙中山、黄兴等人立刻亲赴前线指挥。然而,由于革命军缺乏军火,不得不停止继续进攻,坚守关隘,孙中山等人返回越南河内筹集军火。当孙中山返回河内的时候,他们听到了广西提督龙济光攻陷镇南关的消息。

不久,由于清廷的压力,孙中山不得不离开河内,临行前他仍然布置了两次起义的计划。1908年,黄兴重新召集会党成员和越南华侨,重新攻打钦州。这一次他们再次遇到了驻守在此地的清军。黄兴再一次相信了对方"反正"的话,结果被对方以优势兵力包围,黄兴率兵坚持40余天最终不敌。

仅一个月后,在镇南关起义中失败的黄明堂等人偷袭云南河口,并趁势向蒙自和个旧进攻,但被云南总督锡良击退回越南境内。

经过这一系列的起义失败，孙中山和同盟会元气大伤，直到1910年才重新发动起义。这一次，主要依靠黄兴等人在广州发动新军中的革命分子。然而由于事机不密，同盟会成员、炮兵军官倪映典仓促率1000余人起义，结果不敌，倪映典中弹后被捕，后被杀害。

1911年，孙中山、黄兴等人再次决定在广州发动起义，这一次他们花了大力气进行了周密的部署，计划派遣800名"选锋"先期进入广州占领要害部门，接着打开城门，引进起义的新军。然而，这一计划并未得到很好的执行，由于清廷再次察觉了革命党人的起义计划，最终起义仓促发动，仅有160余人参与进攻，最终全军覆没。事后，有人将牺牲者的尸体合葬在黄花岗，共72具，这就是著名的广州黄花岗七十二烈士。

到此为止，孙中山奋斗十余年，所经手的大小起义已有10次之多，然而仍旧未能推翻清廷的统治。落魄的孙中山甚至只得在美国丹佛朋友的酒店中打工度日。眼看着革命一次次失败，而清廷的力量却似乎越来越强盛，孙中山能够最终获得胜利吗？

抛夫弃子闹革命

"男儿何不带吴钩，收取关山五十州。请君暂上凌烟阁，若个书生万户侯。"李贺的这首《南园》，旨在表现书生男儿投笔从戎、拜将封侯的愿望。有道是巾帼不让须眉，女子何尝没有这样的愿望？即使是在封建思想的禁锢下，女中豪杰依然层出不穷，古有花木兰替父从军，清有秋瑾为国为民。

秋瑾于光绪元年（1875年）出生在福建厦门，原名秋闺瑾，字璇卿，号旦吾，乳名玉姑，东渡日本之后改名为瑾，字（或作别号）竞雄，自号鉴湖女侠，写作之时笔名汉侠女儿、秋千、白萍等。

秋瑾出身在一个书香门第，其父亲秋寿南是个典型的知识分子，每当茶余饭后，总是喜欢教授秋瑾一些书籍，点评其诗歌。在这样的教育背景下，秋瑾便成为了一个饱含个性的女性代表人物。她17岁时便写下"红颜谁说不封侯"的诗句，带有明显的反叛意识。她一直坚信："人生在世，当匡济艰危，以吐抱负，宁能米盐琐屑终其身乎？"

在她那个年代，厦门作为清政府最先在不平等条约下被迫开辟的通商口岸，较早地受到了外来西方思想和风气的熏染。秋瑾家境较好，从小在这样一个环境中成长，接触了大量西方的近代思想，从而也养成了她不拘封建礼法的性格。

自她懂事起，便立下宏愿："这并不是我个人的事情，是为天下女子，我要让男子屈服，我要做男人也做不到的事情。"为此，秋瑾常以花木兰、秦良玉自喻，大力提倡男女平等的思想，经常穿戴男装，习文练武，性子豪爽。用她《满江红》中的话说："身不得，男儿列；心却比，男儿烈！"

秋寿南于光绪二十年（1894年）做了湘乡县督销总办。同年，秋寿南将秋瑾许配给了今双峰县荷叶乡神冲王廷钧为妻。两年之后，秋瑾应父母之命，与王廷钧完婚，婚后的生活平淡无奇。就在这一时期，中日甲午战争爆发，北洋海军战败，举国同悲。秋瑾经常向外人打听国内局势，深以为忧。

当时，王廷钧在湘潭开设"义源当铺"，秋瑾也就嫁夫从夫，在湘潭居住，偶尔回到婆家，却表现得忧心忡忡。一次，亲朋好友前来拜访之时，秋瑾当众朗诵了自作的诗："幽燕烽火几时收，闻道中洋战未休。膝室空怀忧国恨，谁将巾帼易兜鍪。"忧国忧民之情溢于言表，当地有识之士，对之越发尊重。

光绪二十三年（1897年）六月，秋瑾生下儿子王沅德。3年之后，秋瑾的丈夫王廷钧花钱买了一个户部主事的官职，于是，秋瑾得以和王廷钧一道去往北京，也算得见了世面。然而北京并没有给秋瑾留下什么好印象，除了衰败就是死气沉沉，而且正好还赶上了八国联军侵华，慈禧太后、光绪皇帝都不知道跑到哪里去了。秋瑾只能回到了家乡，并在第二年生下了女儿王灿芝。

光绪二十九年（1903年），王廷钧再次去京复职，秋瑾携女儿一同前往，此时的北京已经沦为了列强逞威的地方，秋瑾深以为痛。在痛苦的煎熬中，在文明与野蛮的对抗中，在外来先进思想和封建思想的冲突中，秋瑾终于觉醒：处文明之世，吸文明之空气，当不甘为人之奴隶也。

按常理而言，秋瑾是幸福的，年纪轻轻，衣食无忧，丈夫王廷钧更是湖南有名的富豪人家。只可惜，襄王有梦，神女无心，此二人渐渐琴瑟异趣。有所明悟的秋瑾，已经无法容忍自己再生活于这样一个男人的身边。

在北京生活期间，秋瑾积极地参加各种妇女协会和运动，当时比较有影响力的便是书法家吴芝瑛创立的"上层妇女谈话会"和"妇女不缠足会"。秋瑾很佩服吴芝瑛的博学多才，而吴芝瑛也盛赞秋瑾的胸怀大志，二人一拍即合，相见恨晚。

秋瑾看到了希望，便毅然决然地离开了丈夫，搬到吴芝瑛家中居住。在与吴芝瑛的相处中，秋瑾接触到了大量的先进读物，思想的洪流洗涤了她原本晦暗不明的心绪。后来，秋瑾离开了故土，自费去日本学习。其间写下了《日人石井君索和即用原韵》一诗，诗中云："漫云女子不英雄，万里乘风独向东。诗思一帆海空阔，梦魂三岛月玲珑。铜驼已陷悲回首，汗马终惭未有功。如许伤心家国恨，那堪客里度春风。"表达了她等候学成归来、报效黎民国家的宏图伟愿。

在日本学习期间，秋瑾首先进了日语讲习所，后来又转到青山实践女校学习，对西方自由民主的思想尤其青睐，并在横滨加入了冯自由等人组织的"三合会"。此后，秋瑾陆续参加了天地会、光复会和同盟会，还担任过同盟会评议部的评议员和浙江主盟人。

几年后，学成归来的秋瑾在上海创办中国公学，后又到浔溪女校任教。此时，秋瑾已经认清了国内局势，并随时准备为革命牺牲。与此同时，她又对曾经舍弃的家庭、家人抱以担忧，用她自己的话说就是："自立志革命后，恐株连家庭，故有脱离家庭之举，乃借以掩人耳目。"

后来，借着筹措创办《中国女报》经费的机会，秋瑾回到了婆家，忍痛断绝了家庭和她的关系。这一期间，王廷钧给秋瑾筹措了一大笔经费，让秋瑾能够顺利地开办《中国女报》。秋瑾借着《中国女报》的舆论平台宣传妇女解放，提倡女权，宣传革命。在第一期《中国女报》的发刊词中，秋瑾将此刊物比喻为脱身黑暗世界，放大光明的一盏神灯，并对吴芝瑛坦白道："女子当有学问，求自立，不当事事仰给男子，今新少年动曰革命，革命，吾谓革命当自家庭始，所谓男女平权事也。"

介绍秋瑾加入光复会的徐锡麟和陶成章一道，在绍兴开办了大通师范学堂，以便同盟会成员能够加入学习，训练军事。光绪三十三年正月（1907年2月），秋瑾接任徐锡麟做了大通学堂督办。此时，革命的思想在国内已经迅速传播开来，在同盟会的积极活动下，为革命打下了坚实的经济基础和舆论基础。徐锡麟和秋瑾商议，决定在这一年分别于浙江、安徽两省同时举事。

只可惜出师未捷身先死，因为绍兴士绅汤寿潜的出卖，这件事情被清政府知道了，秋瑾在当年七月十三日被逮捕。而就在此前，徐锡麟由于刺杀安徽巡抚恩铭而死，革命遭受了重大打击。被捕的秋瑾遭遇了敌人的残酷迫害，在严刑拷问之下，秋瑾始终坚持理想、不为所动。被捕两日之后，秋瑾从容就义于浙江绍兴轩亭口。

光绪三十四年（1908年），秋瑾生前好友将其遗骨迁葬杭州西湖西泠桥畔，清政府不许，其子王沅德只能在宣统元年（1909年）秋将秋瑾墓迁葬湘潭昭山。

在秋瑾死后，舆论压力骤然兴起，不管是革命党、维新派还是保守派，都对秋瑾报以同情之心。吴芝瑛在《记秋女士瑾文》中公开嘲讽杀害秋瑾的浙江巡抚张曾敭："反常移性者欲也，触情纵欲者禽兽也，以浙帅之贤，岂嗜欲之流、禽兽之类与？"在强大的舆论压力下，张曾敭的仕途走向了穷途末路，不久便一命呜呼了。其他牵涉杀害秋瑾一事的人，此后也是黯淡收场，"民权之膨胀，亦有其肇其端也"。

秋瑾一生做了很多首诗歌，大多是展现女子抱负、表达忧国忧民等思想性极高的著作，被收录在《秋瑾集》中。后来人对她给予了至高的评价。1912年12月9日孙中山致祭秋瑾墓，撰挽联："江户矢丹忱，重君首赞同盟会；轩亭洒碧血，愧我今招侠女魂。"四年之后，孙中山和宋庆龄一道去凭吊秋瑾，认为："光复以前，浙人之首先入同盟会者秋女士也。今秋女士不再生，而'秋风秋雨愁煞人'之句，则传诵不忘。"

君主立宪梦被搅了

黄花岗起义以失败而告终,革命形势也陷入了暂时的低谷。不过,晚清政府却从中看到政治改革的必要性。朝廷中的立宪党人都在抱着在政治改革的进程中分得一杯利益之羹的幻想。可以说,这种幻想,正是滦州兵谏的根源所在。

滦州兵谏的主要领导人吴禄贞、张绍曾和蓝天蔚,三人在日本留学时一见如故,结为莫逆。由于三人在留学时成绩突出,志趣不凡,时人有"士官三杰"之美誉。

吴、张、蓝三人在日本留学之时,颇受孙中山思想的影响,更与湖北籍的革命者刘成禺等人交往密切。然而,他们的身份是清廷官派的军事留学人员,对于晚清政府,仍然保有着无限的幻想和忠诚。因此,他们并不是严格意义上的革命者。他们心里只是有着变法强国的愿望,却没有从根本上改变政治制度的勇气,只能称之为朝廷中的立宪党一派。

1911年,吴禄贞任陆军第六镇统制;张绍曾任新军第二十镇统制,驻守沈阳、新民一线;蓝天蔚则任第二混成协统领官。可以说，这三人手中所掌握的新军兵力之总和，在北方来说当数首屈一指。这也为他们举起滦州兵谏的大旗创造了条件。

黄花岗起义之后，政治改革的呼声愈加强烈，清政府也开始主动寻求改革。一时之间，朝中的立宪党人仿佛看到了一线曙光。

1911年5月8日，清政府开始实行责任内阁制。然而，建立的却是被时人称之为"皇族内阁"或"亲贵内阁"的内阁。这一责任内阁制的出台使得立宪党人先前的政治期待全都化为泡影，激起了他们极大的恼怒。紧接着，盛宣怀所提出的铁路国有化之建议又为朝廷所采纳，南方各省群情激奋，反抗声音此起彼伏，最终导致了保路运动的爆发。

这种国内局势可不是清政府希望看到的。为了压制各地风起云涌的抗议声浪，清廷决定，于当年秋天调动大军举行永平秋操。

所谓的永平秋操，也就是当年秋天在永平县举行的军事演习。清军共分为东西两军，以满洲人为主的禁卫军为西军，以汉族人为主的新军为东军。早在演习开始之前，朝廷便已将结果内定为西军胜、东军败。一场演习变成了演戏。

军咨大臣载涛被朝廷特别任命为永平秋操大元帅，舒清阿为西军总统官，东军总统官则为冯国璋。禁卫军的第一混成协、第二混成协和第三混成协，新军的第一镇、第四镇、第二十镇及第二混成协被指定为参加秋操的队伍。两军先后从原驻地向滦州一带集结。

新军第二十镇由张绍曾所统领。当张部从驻地新民府开往滦州之时，武昌起义爆发，一时之间全国大震，士气不振，军心大哗。朝廷当即下令将当年秋操的一切准备活动予以停止，并计划将新军第二镇、第四镇及第六镇的一协编为第一军，将第二十镇和第三镇、第五镇各一协及第二混成协编为第二军,赶往湖北前线。

接到朝廷旨意后,从各地进发滦州集结的各路大军相继回撤,返回原驻地待命。唯有张绍曾所部的第二十镇仍旧驻扎于滦州。

滦州乃北京门户,拱卫帝都的京畿要地。张绍曾在此要害之地按兵不动,朝廷顿时起了疑心。此时正值多事之秋,紫禁城里自然担心武昌之事在滦州重演,而一旦武昌变局再现,北京势必会成为起义者首当其冲的目标。为避免这一极为不利的后果,清廷派出多名与张绍曾相交的将领,赶往滦州当说客。第六镇的统领吴禄贞便是其一。

此时的吴禄贞已经奉清廷之命返回原驻地保定。出生于湖北吴禄贞、蓝天蔚等人对家乡发生的武昌起义尤为关心,再加上留日期间受到革命党人思想观念的熏陶,对武昌起义确有遥相呼应的考虑。而且,张绍曾滞兵滦州不归,其实也是"士官三杰"最初的计划之一。

朝廷派吴禄贞前去游说张绍曾,实等于给了"士官三杰"一个名正言顺的沟通串联机会。三人也正好借此良机,对之前制定的计划做一番修正。

10月27日,张绍曾坐拥滦州之兵,联络一批新军将领,发动兵谏,联名向朝廷施加压力,要求朝廷将立宪事宜尽快提上日程,以政治制度上的彻底变革回应南方革命党人的合理要求。张绍曾他们认为,此措施不仅能维系清政府继续存在下去,也能在政治上推动中国的进步。

很明显,张绍曾等人的建议触动了满洲皇族的切身利益。面对着自身利益与国家未来,一时之间,朝廷难以抉择。张绍曾等人又继续施压,要求将军队驻扎在南苑,以兵临城下之势逼迫朝廷。

这种重兵逼宫的要求朝廷当然不敢答应,否则的话,将使紫禁城血流成河。

朝廷的态度让率先发难的张绍曾等人骑虎难下。他们既不能放弃政治要求,也不能真的不顾朝廷旨意,兵发北京城。要是如此做,他们就是革命者而不是立宪党。

这时,一列载满发往武昌前线军火的列车,又给了张绍曾一个向朝廷施压的机会。

这趟专列上的军火采购于欧洲,奉朝廷之命,由东三省总督赵尔巽发往武昌前线,天津兵站司令部副官彭家珍负责押运。赵尔巽万万没有想到,这个彭家珍,竟是一个潜伏得极深的革命党人。

彭家珍知道,这批军火一旦被送到武昌前线,将会对革命形势产生不利影响。因此,他接到这个特别紧急的任务后,马上通过特殊渠道通知第二十镇统制张绍曾,希望张绍曾用各种手段将军火截留或扣留,以用来支援武昌前线的革命将士。

张绍曾心里非常清楚这批军火之于武昌前线的意义,但他却不欲将之据为己有,而是想用被扣留的军火向朝廷施压。这与彭家珍以及其他革命党人的想法明显不同。

张绍曾扣押支援武昌前线军火的消息传到北京,马上引起了一系列连锁反应。朝廷动用了各种关系,通过各种方式劝张绍曾以国家大事为重;身处前线或者准备开往前线的冯国璋、段祺瑞等人也相继劝说。但张绍曾等人并没有把这些劝告放在心上。目的没有实现,军火不可能就此乖乖交出。10月29日,张绍曾、卢永祥、蓝天蔚、伍祥桢、潘榘楹(吴禄贞因调任山西巡抚而未一同联名)等新军将领联名向朝廷上奏，要求清政府立即实行真正、彻底的君主立宪制，"以定国危而弭乱"。

这份洋洋洒洒万余言的奏折归根结底只有一句话，就是要求朝廷立刻进行政治体制的改革。为此，张绍曾等人在这个奏折后，附上了十二条政纲：

1. 大清皇帝万世一系。

2. 立开国会，于本年内召集。

3. 改定宪法，由国会起草议决，以君主名义宣布，但君主不得否决之。

4. 宪法改正提案权专属国会。

5. 陆军直接归大皇帝统率，但对内使用应由国会议决特别条件遵守，此外不得调遣军队。

6. 格杀勿论、就地正法等律，不得以命令行使；又对于一般人民不得违法随意逮捕、监禁。

7. 关于国事犯之党人一律特赦擢用。

8. 组织责任内阁，内阁总理大臣由国会公举，由皇帝敕任；国务大臣由内阁总理大臣推任；但皇族永远不得充任内阁总理及国务大臣。

9. 关于增加人民负担及媾和等国际条约，由国会议决，以君主名义缔结。

10. 凡本年度预算未经国会议决者，不得照前年度预算开支。

11. 选任上议院议员时，概由国民对于有法定特别资格者公选职。

12.关于现实规定宪法、国会选举法及解决国家一切重要问题，军人有参议之权。

张绍曾的奏折与十二条政治纲领，其基本精神就是要建立起一个类似于英国的君主立宪制国家。如果张绍曾等人的建议能够为朝廷所采纳，武昌方面那场如火如荼的革命就完全可以结束，因为此时的革命党人还需要借助封建官僚的势力，这种折中的结局也正是他们所期待的。然而清廷对张绍曾等人的建议采取了糊弄的对策：一点点让步，一点点为皇族争取更大的权益，结果君主立宪的机会完全丧失。大清帝国也就在武昌起义的革命浪潮中走向了最终的灭亡。

惨淡谢幕

从光绪末年开始,革命党人不断地起义,又不断地被清政府镇压下去。1911年4月,黄花岗起义失败以后,同盟会内部甚至发生了分歧,消极悲观的情绪弥漫在每一个同盟会员的心头。

1911年10月10日夜,刚过中秋节,凉风习习,月明星稀。然而驻守武昌的陆军第八镇的驻地上却是人人紧张不已,如临大敌。近日发现城内有乱党活动的踪迹,并且有可能已经渗透到军营里,因此上级要求各级军官要提高警惕,密切注意有异常举动的士兵。

工程第八营后队二排哨长陶启胜正在查夜,走进营房看见他手下的兵都规规矩矩的,便放心了些。他刚想回自己的住处,却看到班长金兆龙抱着枪在东张西望。别的士兵见陶启胜过来都忙不迭站起来敬礼,只有这个金兆龙不理不睬。

陶启胜怒极,走过去踢了金兆龙一脚,厉声骂道:"想造反哪!"他本以为金兆龙会乖乖地站起来认错。谁知道金兆龙一个鲤鱼打挺跳起来,嚷嚷道:"老子今天就是反了。"说完劈面一拳,和陶启胜扭打在一起。

正当大家不知所措的时候，一阵杂乱的脚步声由远及近传来，还有人高声喝道："是哪个人开枪？赶紧出来。"说完，几个身影出现在营房门口。众士兵还没看清楚是谁，只听得又是几声枪响，几个人七扭八歪地倒了下去，依然是程正瀛开的枪。

士兵们好容易才从惊呆中回过神来，去看那几具倒在地上的尸体，原来是前队队官黄坤荣、司务长张文涛、八营代理管带阮荣发等人。顿时"哗"的一下，八营大乱，不少士兵像没头的苍蝇一样到处乱窜。

忽然"嘟嘟"的哨声响起，众士兵惊疑不定，向哨声处望去，却见是另一个班长熊秉坤鸣哨。见众人望向他，熊秉坤跳上一个弹药箱，厉声大叫"反了"，说完拿出一条白毛巾，缠在头上，举枪振臂一呼，向外冲去。众士兵愣了一下，纷纷拿起手中的枪，一窝蜂地随着熊秉坤向楚望台的军械库涌去。

改变了中国历史进程的武昌起义就这么爆发了。

1911年，清廷颁布了"铁路国有"法案，宣布将此前商办的所有铁道收归国有。这激起了民众的不满，正在修建中的渝汉铁路的各股东更是愤怒不能自已。四川很快成立了保路同志会，并掀起了骚乱。清廷为了镇压保路风潮，派遣原本驻扎在武昌的渝汉铁路督办、钦差大臣端方率兵入川。这样一来，湖北的清军力量顿时削弱。

两湖地区的革命团体文学社和共进会见此良机，便准备在武昌和长沙联合举行起义。在同盟会的协调下，两个团体的代表在武昌召开会议，初步定于10月6日于武昌和长沙同时起义。

然而，计划赶不上变化。就在会议召开的当天，新军八镇炮标三营的几个退伍士兵饮酒行令，与执勤的排长发生了争执，事情越闹越大，士兵发生了哗变，直到马队前来镇压方才平息。

因为这一事件，湖广总督瑞澂担心革命党人趁机作乱，因此宣布八月十五（10月6日）不放假，并且全城戒严，新军官兵一律不得外出，并禁止携带弹药。在这种情况下，革命党人的起义计划自然不能实行，另外由于湖南方面也没有准备充分，因此又延期10天，重新定于10月16日发动起义。

10月9日，共进会领导人在汉口俄租界秘密制造炸弹时不慎引起爆炸，闻声而至的俄国巡捕拘捕多名革命党人，并搜出革命党人花名册与起义文告。俄国方面当即通知了瑞澂。如临大敌的瑞澂立刻下令全城戒严搜捕革命党人。受此打击，文学社领导人当即决定提前发动起义，但由于计划临时更改，起义各方无法联络，只好再次宣告推后进行。与此同时，瑞澂在城内指挥军警大肆捕杀参与起义的新军官兵。到10月10日，起义的领导人已有多名牺牲，眼看起义又要遭受失败。

这时，新军士兵们决心自行发动起义。10月10日晚，武昌北门外，第21混成协炮11营辎重队士兵李鹏升首先点燃了草料库，举火为号，同情革命的新军士兵们纷纷响应，各自向楚望台军械库进发。随后就发生了金兆龙等人起义的一幕。

经过一夜的激战，起义的新军士兵占领了武昌城。汉口、汉阳随即闻风而动，发动起义。10月12日，武汉三镇全部为起义军所掌握。起义士兵迅速成立了中华民国军政府鄂军都督府，改国号为中华民国，一个新的政权成立了。

惊慌不已的清政府连忙调集北洋陆军前往镇压。这时候，听说了革命成功喜讯的黄兴等人连忙赶到武昌。双方在汉口和汉阳展开了激烈的争夺，战斗持续了41天，史称"阳夏保卫战"。虽然最终汉口和汉阳重新被清军夺回，但在这41天中，湖南、广东等15个省份纷纷通电起义，宣布拥护共和。在清政府所谓的关内十八省中，只有甘肃、河南、直隶、山东四省还效忠清朝。

这时候，束手无策的载沣想到了袁世凯。不得已，他只好请袁世凯回来主持大局。1911年11月1日，"皇族内阁"解散，袁世凯任内阁总理大臣。

袁世凯一方面命令北洋新军保持对革命军的压力，另一方面又联络英国公使朱尔典从中斡旋议和之事。在袁世凯的计谋之下，同盟会最终与袁世凯派出的议和代表达成了共识。双方答应由袁世凯劝说清帝退位，而以支持袁世凯担任中华民国大总统为交换条件。

此时的摄政王载沣、隆裕皇太后已经完全做不得主，虽然对袁世凯出尔反尔的行为切齿痛恨，但也无可奈何。1912年2月12日，隆裕皇太后宣布接受南京参议院通过的《清室优待条件》，并发布《逊位诏书》，在诏书中宣布宣统退位，并委托袁世凯组织临时政府。隆裕与宣统则"帝得以退处宽闲，优游岁月，长受国民之优礼，亲见郅治之告成"。

从这一刻起，大清帝国走到了历史的尽头。